¿Para adónde quiero ir?

Caminando en la Luz

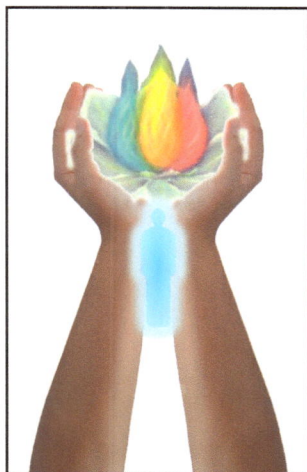

Grupo Anjos de Luz ®

¿Para adónde quiero ir?

Caminando en la Luz

Serie: Mensajes de Luz para su día

Volumen 3

1ª Edición

Belo Horizonte
Grupo Anjos de Luz ®
2019

© **2019** por Grupo Anjos de Luz ®

Título original: Para onde quero ir? - Caminhando na Luz

Canalizadores: Kaká Andrade | Karina Veloso | Maria Alice Capanema
Rita Pereira | Valdir Barbosa

Design gráfico y editorial: Alice Sena

Revisión: Agni Melo | Elizabeth Palomero | Kaká Andrade
Nair Pôssas Guimarães | Rita Pereira

Traducción: Celia Bueno

P221
    ¿Para adónde quiero ir? - Caminando en la Luz / Kaká Andrade, Karina Veloso, Maria Alice Capanema, Rita Pereira, Valdir Barbosa (canalizadores). Belo Horizonte: Grupo Anjos de Luz, 2019.
    59p. - (Mensajes de Luz para su día ; v.3)

    ISBN 978-65-80152-10-0

    1. Espiritismo 2. Psicografia 3. Parapsicologia 4. Ocultismo I. Andrade, Kaká II. Veloso, Karina III. Capanema, Maria Alice IV. Pereira, Rita V. Barbosa, Valdir. Título VI. Série.

CDD 133.9
CDU 133.7

Sumario

Presentación y agradecimientos

El despertar de la consciencia hará con que usted entienda su propósito en la Tierra y será de gran ayuda en relación a lo que es necesario hacer. La búsqueda incesante del auto conocimiento traerá luminosidad a su caminar. Caminar en la Luz exige que se haga la reforma íntima.

El tercer volumen de la Serie **Mensajes de Luz para su día** viene para orientarlo acerca de ¿Para adónde quiero ir?, de manera a incentivarlo a buscar, constantemente, la comprensión acerca de si mismo, acerca de la importancia de la práctica de las lecciones de amor dejadas por Jesús Cristo, para que su caminata sea de Luz.

El Despertar de la Consciencia acerca de Soy, que se inició con la lectura del primer volumen, es campo fértil para que el auto conocimiento espiritual conduzca usted a un camino más suave, de manera que la Verdad Divina forme parte de usted y de toda la materia a su alrededor, permitiéndole tener una vida plena.

Ya el segundo volumen trajo aclaraciones acerca de ¿Lo qué estoy haciendo aquí?" en el planeta Tierra, un incentivo en la búsqueda constante de la comprensión acerca de sí mismo y de la práctica de las lecciones de Jesús Cristo en cuanto al Camino, la Verdad y la Vida.

Los mensajes de este libro están directamente relacionadas a aquellas contenidas en el primer y segundo volúmenes de la Serie y, cuando comprendidas, mostrará que la caminata en la luz llevará usted al encuentro de su Pura Esencia Divina para adquirir una conciencia plena en perfecta sintonía con la Justicia Divina.

En este libro, usted encontrará mensajes de los Instructores del planeta Tierra, de los Mestres de la Grande Fraternidad Blanca, mensajes y mantras enviados por los Médicos del Equipo Médico Espiritual del Grande Corazón de Astheriãn. Verá, aún, informaciones acerca de la Jerarquía Espiritual Divina, los Siete Rayos Cósmicos, bien como sus respectivos Mestres Ascencionados (Chohans/Directores), Arcángeles y Equipo Angélica que rigen y cuidan del Planeta.

¡Agradecemos a toda Espiritualidad de Luz que, generosamente, nos envió mensajes preciosos para nuestro desarrollo espiritual!

¡Muy bueno encontrarlo(a) de nuevo en esta jornada de aprendizaje y amor!

Introducción

"¿Para adónde quiero ir?"
Caminando en la Luz

El propósito de este libro es despertarlo(a) para una caminata de luz e incentivarlo(a) en el ejercicio diario del autoconocimiento y práctica del bien, que exigen un revelar de falsas impresiones y construcciones equivocadas acerca de sí mismo.

Esta jornada demanda coraje, disciplina, comprometimiento y el deseo sincero de cambio para convertirse en una persona mejor de lo que es hoy.

La caminata es facilitada por la ampliación de su voluntad de vivir inmerso en la luz, con atención a las instrucciones que están siendo transmitidas por la más Alta Espiritualidad.

Es importante que permanezca atento a las sus omisiones, acciones y a sus pensamientos, orando y vigilando siempre, para que pueda descubrir cómo caminar mejor en este Planeta y cómo proseguir de manera regeneradora, ajustándose a la más Pura Energía del Universo, Dios.

Para esto, usted necesitará protegerse y ejercitar diariamente las virtudes dejadas por el Padre Creador, equilibrándose y generando energías positivas por medio de acciones, pensamientos y sentimientos conscientes y basados en las Verdades Divinas. Se debe también reconocer las fallas y valorar los avances.

De esta manera, usted buscará la paz y la armonía interior, produciendo curaciones necesarias para trillar una vida bendecida y armoniosa consigo mismo, con la naturaleza y con los ambientes familiar y social.

Invitamos a usted a esta caminata de luz rumbo a la más Pura Esencia Divina.

Jerarquía Espiritual Divina

La Jerarquía Espiritual Divina es la energía de la más pura Esencia Divina, una de las más altas escalas vibracionales, a saber:

- Consejo de los 21 Orishas Planetarios;
- Punto Base;
- Puente Verde;
- Grupo Ascencional – representado por todo El Equipo Médico Espiritual Espiritual; aquí, en este libro, ustedes tendrán la oportunidad de conocer algunos Líderes Cristal del Equipo Médico Espiritual Espiritual del Grande Corazón y Astheriãn, por medio de mensajes inspiradores e instructivos;
- 144 Chohans de los 144 Rayos de Alfa y Omega;
- 144 Arcángeles, Eloínes, Serafines, Querubines;
- Las 72 Orbes Angelicales y Cabalísticas;
- Mestres del Consejo Kármico;
- Mestres del Consejo de Amparadores;
- Mestres del Consejo Evolutivo;
- Ancianos de los Días;
- Espírito Santo;
- Comandos Estrellares.

Son estas energías de la más pura Esencia Divina que permean el camino del ser humano en su búsqueda de su comprensión, su crecimiento y su evolución espiritual.

Rayos, Mestres Ascencionados, Arcángeles y Equipo Angélica

La Grande Fraternidad Blanca es una de las Jerarquías Cósmicas del Plan Divino.

Las Jerarquías habitan el Cosmos y componen una red transmisora de impulsos evolutivos para los varios mundos denominados Hermandad, compuesta por varios seres de los diversos reinos, tales como el espiritual, dévico, angélico, entre otros.

La Grande Fraternidad Blanca es una Jerarquía Cósmica que protege y guía la humanidad terrestre, encargada de resguardarla de la autodestrucción. Es compuesta por Seres Ascencionados, que ya vivieron en el Planeta y, al evolucionar, optaron por ayudar la Tierra, organizados y distribuidos en Siete Rayos Cósmicos, que advinieron del Reino Celestial Mayor.

Cuando se invoca por un propósito específico por nuestro sagrado corazón (Llama Trina) dentro de cada uno, los Rayos Cósmicos toman la forma de una Llama, que podrá flamear sobre nuestros cuerpos, en situaciones y lugares o en todo el Planeta, de acuerdo con nuestro anhelo consciente, permitiendo que el Equipo Espiritual auxilie para que los seres cumplan su misión evolutiva y se aparten de las limitaciones que dificultan la conexión con el Divino, aunque siempre respetando el libre albedrío.

En el comando jerárquico de la Grande Fraternidad Blanca están los Mestres Ascencionados/Chohans (Directores o Señores), los demás Mestres Ascensos, bien como sus Complementos Divinos (su otra mitad) y Equipos Angélicas, formados por Serafines (ángeles más antiguos y próximos del Trueno e Dios), Arcángeles (ángeles jerárquicamente superiores a los demás ángeles), Querubines (ángeles guardianes de la luz y mensajeros), así como los Elohínes (deidades elementales constructores de los mundos), actúan en conjunto con sus respectivas falanges de Espíritus de Luz y de Espíritus Trabajadores, Obreros y Tareferos.

1º Rayo

El color es azul – vibrante en el domingo.

Virtudes: fe, protección, voluntad divina, poder personal, fuerza, liderazgo.

Maestro Ascencionado Chohan/Director: El Morya

El Maestro El Morya, en su pasaje por la Tierra, fue Abraão, Rey Mago Melquior, Rey Arthur, de Grã-Bretanha, siendo el guardián de la Espada de Excalibur y del

Cáliz del Santo Graal. Tuvo otros pasajes en Inglaterra y Mongolia. Fue Mahalma Morya, en India, que ha influenciado la creación de la Sociedad Teosófica (en 1875). Por fin, fue El Morya Khan, hijo del rey de Bangladesh, que renunció al trueno para ser religioso. Ascencionó al final del siglo XIX y auxilió en la creación del Grupo Puente para la Libertad, entre otros.

Equipo Angélica: Arcángel Miguel, su Complemento Divino es Santa Fe.

El Elohim Hércules y su Complemento Divino Amazon crearon la Tierra con la sustancia Primordial, trabajan la fe y la fuerza.

2º Rayo

El color es dorado – vibrante en lunes.

Virtudes: sabiduría divina, iluminación, ciencia, conocimiento, sabiduría, tecnología, inspiración.

Maestro Ascencionado Chohan/Director: Confucio

El Maestro Confucio, en su pasaje por la Tierra, fue el mayor pensador de China, para formación ético-humanística en filosofía social y vivió alrededor de 550 a.C. en el País de Lu (actual Provincia Shandong), habiendo sido registrado, Secretario de la Justicia y Ministro Jefe, cuyos pensamientos se armonizaron con Lao-Tsé, místico y creador del Taoísmo.

El Maestro Kuthumi fue el Director del 20 Rayo, sustituido por Maestro Lanto, antecesor del Maestro Confucio.

Equipo Angélica: Arcángel Jofiel, su Complemento Divino es Constantina.

El Elohim Casiopea y su Complemento Divino Minerva auxilian a los seres en sus aprendizajes y estimulan la fuerza concentrada en la atención.

3º Rayo

El color es rosa – vibrante en martes.

Virtudes: perdón, amor incondicional, tolerancia, belleza, bondad, gratitud.

Maestra Ascencionada Chohan/Directora: Rowena

La Maestra Rowena, en su pasaje por la Tierra, fue Santa Terezinha, Joana D'Arc, Madre Teresa de Calcutá, entre otras, indicando que el alma puede vestirse de diversas facetas para desarrollar el propósito al cual se destina.

Equipo Angélica: Arcángel Samuel, su Complemento Divino es Cáritas.

El Elohim Órion y su Complemento Divino Angélica mantienen la paz por medio del Amor Divino, de la plenitud de la Llama Rosa, que disuelve toda energía nociva.

4º Rayo

El color es blanco-cristal – vibrante en miércoles.

Virtudes: purificación, limpieza de karmas, ascensión, equilibrio, pureza, paz, silencio, resurrección.

Maestro Ascencionado Chohan/Director: Seraphis Bey

El Maestro Seraphis Bey, en su pasaje por la Tierra, fue los Faraones Osiris, Akhenaton IV y Amenophis III, constructor de los Templos de Luxor y de Karnak; el Rey Espartano Leónidas; Fidias, el constructor del Parthenon, en Grecia.

Equipo Angélica: Arcángel Gabriel, su Complemento Divino es Esperanza.

El Elohim Claire y su Complemento Divino Astrea actúan con armonía y pureza, liberan personas de los obsesores, de la maldad, ignorancia y desarmonías.

5º Rayo

El color es verde – vibrante en jueves.

Virtudes: curación, justicia divina, verdad divina, concentración, consagración, dedicación, prosperidad.

Maestro Ascencionado Chohan/Director: Hilarion

El Maestro Hilarion en su pasaje por la Tierra fue Paulo de Tarso, el apóstol que se convirtió São Paulo y Santo Hilarión.

Equipo Angélica: Arcángel Rafael, su Complemento Divino es Madre María.

El Elohim Vista o Cíclope y su Complemento Divino Cristal actúan en el proceso evolutivo de la humanidad.

6º Rayo

El color es rubí-dorado – vibrante en viernes.

Virtudes: devoción, misericordia, amor, curación.

Maestra Ascencionada Chohan/Directora: Nada

La Maestra Nada, en su pasaje por la Tierra, fue María Madalena.

Maestro Jesús dejó de ser Chohan de este Rayo cuando, junto con el Maestro Kuthumi, se elevaron a la condición de Instructoras del Mundo, Jesús aún es el mayor ejemplo de virtudes de este Rayo en el Mundo, con relieve a la Misericordia Divina y a la Curación, como forma evolutiva de la persona humana encarnada.

Equipo Angélica: Arcángel Uriel, su Complemento Divino es Gracia.

El Elohim Tranquilitas, y su Complemento Divino Pacífica son los Elohines que auxilian en el verdadero ejercicio de abnegación y paz.

El color es violeta – vibrante en sábado.
Virtudes: apelaciones, compasión, transmutación, transformación, libertad.
Maestro Ascencionado Chohan/Director: Saint Germain

El Maestro Saint Germain, en su pasaje por la Tierra, fue São José, padre de Jesús; el Mago Merlín, que daba consejos importantes al Rey Arthur, de Grã-Bretanha; el Profeta Samuel, Cristóbal Colombo y el filósofo Roger Bacon.

Equipo Angélica: Arcángel Ezequiel, su Complemento Divino es Ametista.

El Elohim Arcturos y su Complemento Divino Diana responden por las apelaciones verdaderas que vienen del corazón para la liberación de las limitaciones y de las enfermedades.

Mensaje inicial

Luz Dorada
Maestro de la Colonia Valle Dorado

Maestro Jheriel: Caminante de la Luz

"¡Mi amado e querido Caminante de la Luz!

"El camino se hace al caminar". Cada paso dado en busca de sí mismo, lo llevará a la comprensión para "Lo que estoy haciendo aquí".

Aunque las decepciones, tropiezos, pérdidas y derrotas, gasten sus energías, no desista.

¡Crea! Es el amor por sí mismo y por todo, que alimenta su alma para cumplir su propósito de vida.

Cuando sentirse inseguro y no supiera cuál camino seguir, elija el camino del corazón. Ese es el verdadero camino de la luz. Con amor y por amor sea alegre, ligero, libre e iluminado.

¡Paz, luz y gratitud!

Soy Maestro Jheriel."

(Mensaje canalizado en 21/04/2019)

Mensaje del Dirigente de la Colonia, del Equipo Médico Espiritual del Grande Corazón de Astheriã y del Grupo Anjos de Luz

Luz Verde, Luz Azul, Luz Dorada e Luz Blanco-Cristal: Dr. Helmuth - Integrante de los Consejos de Amparadores, Evolutivo y Kármico

Dr. Helmuth: El Camino de la Transformación

"¡Alabado sea el nombre de Cristo!

¡Salve El Equipo Médico Espiritual del Grande Corazón de Astheriã!

Como dije en el Libro 1 – "¿Quién SOY?" – El Despertar de la Conciencia, en el Libro 2 - "¿Qué estoy haciendo aquí?" - En Busca de Sí Mismo, y ahora en el Libro 3 – "¿Para adónde quiero ir?" - Caminando en la Luz, es de gran importancia comprender su propósito de vida aquí en el planeta Tierra. El propósito de cada uno se inicia cuando se está disponible para la acción divina, ahí se descortinará delante de si la grandiosidad del amor del Padre Amabilísimo, que es pura misericordia y compasión. El despertar de la conciencia lo llevará a entender su propósito en la Tierra y será de gran auxilio de lo que es necesario hacer. La busca incesante del auto conocimiento traerá luminosidad a su caminar. Caminar en la luz exige que se haga la reforma íntima.

¿Y cómo hacer esa reforma? Primeramente, limpie su corazón y mente. Vea con claridad lo que va en su alma. Quite las máscaras que usa todos los días. Vacíese de la inutilidad de todos los pensamientos, sentimientos y actitudes contrarias a la ley divina del amor mayor, perdón, tolerancia, misericordia, compasión, generosidad. Tras el examen melindroso y la aceptación de todo aquello que es tóxico, nocivo y contrario a su crecimiento y evolución espiritual, pida a Dios fuerza suficiente para limpiar su alma y espíritu con la luz divina y liberarse de la basura que acumula dentro de sí. Esa reforma demanda coraje, disciplina diaria, comprometimiento y el deseo sincero de cambio para que sea una persona mejor que hoy.

Transformar es doloroso, transmutar es divino. Así, poco a poco, por medio de pequeños gestos y actitudes, de la persistencia en caminar hacia la luz, la transformación ocurrirá de manera blanda, pero firme. Caminemos juntos, entonces, pues el camino de la luz es largo y arduo, todavía no es imposible, al contrario, el camino de la luz está bien delante de usted, esperando que usted del primer paso hacia la liberación de todos los vicios y males que acometen su alma y comprometen su espíritu impidiendo su crecimiento evolutivo. Venga conmigo en esa grande jornada del alma, jornada esa que mostrará como empeñarse para subir los peldaños de la escala evolutiva. La respuesta es única, a través del ejercicio diario del amor incondicional consigo mismo y con su próximo, usted alcanzará la victoria tan anhelada. Límpiese, perdónese, crea y camine sin vacilar. Las bendiciones del Maestro Jesús están bien delante de ti esperando su despertar.

El camino de la luz revela el amor incondicional y recuerda que todo cambio empieza a partir de sí mismo, en sus pensamientos, sentimientos y actitudes, que la caridad empieza en su casa, que mire con más amor y tenga más compasión con sus familiares. Que honre sus ancestrales, que ame y cuide de sus padres, ame, eduque y de límites a sus hijos. Que caminar en la luz nada más es que amar a si propio, verse sin máscaras, valorar las virtudes que posee, trabajar arduamente para el cambio de sus posturas equivocadas delante de su familia y a su próximo, es perdonar continuamente a si y a los otros.

Y, por fin, caminando y caminando usted será capaz de ver en su próximo el reflejo de sí mismo, porque el Amor Incondicional muestra toda su belleza, magnitud y riqueza. Es Luz que no se acaba, es Luz que cada vez más ilumina, es Luz que desborda en todos los seres del Planeta Tierra, direccionando el curso de las jornadas de las encarnaciones en busca de la evolución, del entendimiento y de la comprensión del despertar de la conciencia colectiva, de la busca de sí mismo y del camino de la luz.

La jornada del alma es guiada por el Amor Incondicional que brilla como la Luz Divina dentro de cada uno, revelando la panacea universal capaz de curar todas las enfermedades que afligen al ser humano.

Los Siete Rayos Cósmicos descritos en este libro son la manifestación mayor del Amor Divino y están concentrados en la ejecución del Plan de Dios para el Planeta Tierra y para el Universo. En el primer Rayo, usted encontrará la pura manifestación de la Voluntad Divina para comprender su propósito en el Planeta. En el segundo Rayo, usted silenciará su mente para escuchar la Voz Divina. En el tercer Rayo, usted liberará su alma de las energías negativas, eso solo es posible por medio del Amor Incondicional, llevándolo a tener la conciencia plena de que en la Tierra son todos hermanos e hijos del mismo Padre, Dios, despertando, así, el sentimiento de Fraternidad. En el cuarto Rayo, usted comprenderá el sentimiento de Unidad, aprenderá a trabajar en favor de la integración y Purificación de la humanidad en perfecta Armonía. En el quinto Rayo, usted aprenderá a preciar cada vez más el Reino Vegetal, como fuente para hallar la Pura Esencia Divina de la Curación. También en el quinto Rayo usted conocerá a algunos Médicos Espirituales, abnegados Trabajadores de la Luz Divina que pertenecen al Equipo Médico del Grande Corazón y Astheriãn. Son los Líderes Cristales que dirigen las varias especialidades médicas espirituales y conmigo dividen el trabajo de amor, dedicación y auxilio a todos aquellos que necesitan de tratamiento espiritual presencial (cirugía espiritual presencial), tratamiento espiritual a distancia (cirugía espiritual a distancia) oración personal para casa en el planeta Tierra. Cada médico espiritual hablará de su especialidad y presentará un Mantra. Mantra es un instrumento del pensamiento, es oración, que de forma repetida ofrece tranquilidad, equilibrio y paz interior. Cura el alma, el espíritu, la mente, el cuerpo y, trae el entendimiento de fe y mérito. Despierta lo que hay de más bello y noble y auxilia a consolidar la fe que ya existe en cada ser. En el sexto Rayo, usted entenderá el verdadero significado de la Abnegación, Desapego, Devoción, Misericordia para el Auxilio libre de intereses para todos aquellos que necesitar de usted. En el sétimo Rayo, usted sentirá cuán importante es liberarse de culpas para su Purificación y Transmutación abriéndose para recibir la Misericordia Divina.

Agradezco en especial al Equipo Médico Espiritual en pleno y total ejercicio del amor que viene de Dios, Equipo que tengo oportunidad de conducir, orientar, coordinar y aprender, y como he aprendido con eses espíritus dedicados e imanados en la luz, en el bien, en la conciencia colectiva del amor incondicional, amor mayor que conduce, direcciona, hace con que todos los obstáculos sean sobrepasados uno a uno. Mi reconocimiento inmensurable al Equipo de Trabajadores, Obreros y Tareferos expertos en Soporte y que nos auxilian. Son eses espíritus iluminados y comprometidos con la Curación que ofrecen tranquilidad, seguridad, equilibrio, armonía vibracional en todos los continentes de este Planeta en que actuamos.

Gratitud al Equipo de Médiums del Grupo Anjos de Luz que se dispone para los tratamientos espirituales, siendo que, en eses días, incontables veces involucran sus corazones en la luz transformadora y transmutadora de la Llama Trina, poniéndose al servicio del amor, de la luz y del bien. Gratitud al Equipo de Tareferos (Ángeles Amigos) que siempre se disponen a contribuir con el trabajo, disponibilidad y conocimiento.

En fin, cada uno dona lo que tiene de mejor dentro de su corazón: Amor. Amor no se compra, no se vende, no se pone precio. Amor simplemente se demuestra en pensamientos, sentimientos y actitudes.

Te agradezco oh Dios, Padre de Misericordia y Amor Infinito, Jesús Cristo, Padre del Puro Amor, Virgen María, Madre del Amor ilimitado, Cristo, Patrono del planeta Tierra, Padre de la Pura Esencia Divina, por todas las bendiciones cogidas en todos los días de trabajo, y que podamos seguir trillando el camino de la luz y del aprendizaje, humildad, disciplina, perdón, comprensión, aceptación, paciencia, tolerancia, compasión y misericordia, venciendo las dificultades y tribulaciones, caminando siempre hacia la Luz.

En esa actual era de Acuario, el planeta Tierra se beneficiará de la expansión de la conciencia colectiva, que direccionará y fortalecerá la vida de toda la humanidad. Y vuelvo a insistir: aprender a perdonar, comprender y aceptar a si y al otro como él es, a ser misericordioso, justo compasivo, trabajar sin quejarse, hacer el bien sin mirar a quien, estudiar continuamente sin pereza, ser puntual, asiduo, comprometido, responsable y, principalmente, no se olvide de que todo bien, paz, luz, amor y abundancia que pide incesantemente a los cielos están bien delante de ti.

Siga adelante sin desplazarse de su objetivo, para hallar su mayor tesoro, la luz de su alma, su Pura Esencia que solo el caminar en la Luz ofrece nuevas Vidas, nuevos Tiempos, Amor Incondicional, Unidad y Trabajo en Equipo siempre definen todo.

Camine, camine, camine... la Luz estará contigo.

¡Alabado sea Cristo!

Salve al Equipo Médico del Grande Corazón y Astheriã.

Soy Dr. Helmuth."

(Mensajes canalizados en 25/03/2018, 17/11/2018 e 05/06/2019)

Mensajes iniciales de los Instructores del Mundo

Instructores del Mundo

Jesús y Maestro Kuthumi actúan como Instructores del Mundo. Conducen las cuestiones acerca de la Espiritualidad con relación a la educación, religión, ética y moral. Expresan el Amor Mayor llevando la humanidad a despertar la Esencia Crística de cada ser divino para la comprensión de su caminata en el Planeta.

Maestro Jesús: El Único Camino

"¡Mis hermanos!

Qué alegría estar en ese local de paz y amor.

Como es bueno ver a las personas dedicándose al agrandamiento espiritual.

Este es el camino. El único camino.

Permanezcan fuertes en ese propósito, para que purifiquen sus cuerpos físico y etérico y, por consecuencia, las energías de la Tierra.

El Planeta pasa por una fuerte transformación.

Oremos y no se dejan llevar por las aparentes victorias. La verdad es la que trae la curación del mundo.

Solo la verdad lleva la Justicia Divina a los hombres.

¡Soy el Camino, la Verdad y la Vida!

A través de mis enseñanzas llegarán al Padre, a la Energía Máxima Divina.

Estoy presente hoy para que crean y sea posible vuestra verdadera evolución, dentro de las enseñanzas que traje a la Tierra.

El dolor será necesario para muchos, pero cada uno puede alcanzar a sus objetivos de evolución de una manera más blanda, dentro de su libre albedrio.

Pongan mis enseñanzas en práctica.

No teman nada que vos pueda parecer difícil. No perturben vuestro corazón.

Céntrense en el camino del bien.

Excluyan malas energías. Las conductas deben pautarse en el amor y en la caridad.

Sin caridad, no hay salvación.

¡Vos amo!

Soy Maestro Jesús."

(Mensaje canalizado en 22/05/2017)

Maestro Kuthumi: Energía Consciente

"Queridos hermanos amigos,

Como es bueno tener un momento de comunicación con ustedes.

Espero que los seres encarnados que tengan esta capacidad de comunicación con la espiritualidad más avanzada se instruyan y se conecten cada día más con las energías de la Espiritualidad de Luz, para que auxilien en las inúmeras maneras de pasar conocimientos acerca más allá.

Llegó la hora de revelarles, mis hermanos, variadas cuestiones acerca de la espiritualidad que antes y aún permanecen bajo el conocimiento restringido de personas hace mucho espiritualizadas o, aunque en poco tiempo, de manera más intensa. Forma parte del proceso de transformación energética del Planeta Tierra, que saldrá de las pruebas y expiaciones, y será agraciada con la energía planetaria de los seres en regeneración.

Por esto los conocimientos acerca de las fuerzas energéticas divinas están siendo tan difundidos actualmente, incluso por facultades/universidades, médicos y estudios físicos.

Es el medio, amigos, de intentarse traer para la elevación de vuestra conciencia los conceptos y las experiencias de vida con el efectivo conocimiento acerca de su acción, que produce una reacción, incluso en el campo energético mental, principalmente para aquellos que resistan a espiritualizarse.

Espiritualizarse nada más es que sintonizarse a la esencia energética de todo, tanto de su propia vida terrena, cuanto de las energías fuera de ella, esparcidas en este Planeta y en el Universo.

No hagan confusión, mis queridos, la fuerza del pensamiento que les impulsan el cuerpo y necesita conectarse a otras mentes sanas y positivas con las funciones orgánicas de su cerebro y miembros externos e internos. Estés son comandados por la fuerza de su mente, que es tan conectada al Divino que le produce movimientos, incluso involuntarios, pero que, se paran para reflejar, son siempre voluntarios.

Es decir, toda limitación de su cuerpo viene primero de la limitación producida en la mente.

¿Difícil ver esto en la práctica?

No, desde que crean que Dios, en su infinita bondad y perfección, por ser, en realidad, la Energía Suprema del Universo que creó a todo a su Imagen y Semejanza Espiritual, enérgicamente, y también dio a los humanos las capacidades de elección para el curso de su camino en este Planeta.

Este camino en la eternidad incluye la evolución espiritual sobre todos los equívocos sucumbidos un día por ustedes, relacionados a las imperfecciones que el ego produce en su mente, a traerles limitaciones de todo tipo, con vanidades, orgullos, prepotencias, intolerancias, miedos, ansiedades, soberbias, lujurias, entre tantas otras negatividades que aniquilan el amor puro que está en ustedes.

Quería solo que, aunque fuera de cualquier religión o dogma, creían en lo que les fue presentado hace siglos y siglos, pero de manera agotadora intentar negar: ¡todo es energía!

Todo es formado por átomos y otras mínimas partículas energéticas.

Las personas, objetos y las demás cosas existentes en la Tierra son así formados en virtud de la movimentación, del direccionamiento y de la concentración de estas partículas energéticas, incluso los humanos, los animales y todos los demás seres que tengan vida.

¿Entonces, hermanos queridos, por que negar que son energías en movimiento?

Está en la hora de que ustedes despierten para estos valores energéticos, para que traigan estos conocimientos hace siglos traídos a ustedes, que ya son seres conscientes y nacionales, para la comprensión práctica de su cotidiano

¿Ahora, si son energías en movimiento y si todo es hecho de energías, cual el problema de denominar las energías de una persona y que mueven a alguien de espíritu?

Somos espíritus, es decir, energías que conducen nuestras capacidades de pensar, hablar, actuar, andar y también comunicarse, sea con otro espíritu que esté vinculado a un cuerpo físico terreno a moverlo, sea desvinculado, pero con formas, para que los humanos puedan comprender mejor, sea hasta mismo sin forma, como una sencilla luz, que radia energías.

Toda mala energía existente en este Planeta fue producida un día por la flaqueza de su espíritu al no seguir su evolución espiritual.

Queridos, tengan fuerza y retomen a cualquier tiempo el propósito de ustedes ahí en la Tierra que es la evolución de sus energías al Divino, rumbo a la perfección energética y al Padre energético perfecto de paz y amor.

Para esto, poseen diversas herramientas.

¡Sean humildes y estudien, aprendan!

Las religiones equilibradas, las doctrinas espiritualista y budista traen los caminos a ser seguidos. No importa cuál elegirá. Lo que importa es que aquella elegida sea ejercida con conciencia positiva. Todas ellas presentan disidentes conteniendo energías negativas, mis hermanos.

Sean escépticos, pregunten y confíen su camino a la Energía Suprema, para que sean bien guiados.

Si nada de eso les fuera próximo o les traiga afinidad, simplemente paren, observen a su alrededor, la perfección de todo lo que fue creado y silénciese, buscando contacto con energías positivas, principalmente mediante la medicina y las prácticas holísticas, entre tantas otras.

Dejen fluir y confíen en estos trabajos energéticos y conéctense al bien. Vigilen sus palabras y actitudes. Pidan perdón con mayor facilidad, perdónense principalmente y a los otros. Busquen ejercitar la caridad, tengan misericordia de los más necesitados y sean pacíficos.

Donde haya odio, lleven amor y perdón. Donde haya tristeza, lleven alegrías. Donde haya tinieblas, lleven la luz, la paz y expandan sabiduría divina, humildemente y en constante vigilia.

¡Sean ustedes, luces positivas en movimiento y pongan atención en esto, como una meta a seguir. ¡Ábranse al Alto!

Concéntrense en la expansión del bien con gestos de amor y acogida. No hablen nada que pueda atraer energías negativas y perdónense si esto ocurrir. Si los malos pensamientos vinieran, sepan que no son suyos, y de ellos salga inmediatamente.

¡Ustedes son Perfección y Luz!

Mucha luz en su camino y pónganse atentos para las revelaciones que están siendo pasadas, para que puedan entrar en definitivo en las energías restauradoras de su ser espiritual/energético, comandado por sus pensamientos y una mente sana.

Mucha paz energética y calmen sus aceleraciones.

¡Les deseo el bien y solo el bien!

Soy Maestro Kuthumi, que está auxiliando a ustedes como Instructor del Mundo."

(Mensaje canalizado en 15/08/2018)

Mensajes de los Mestres Ascencionados de los Rayos de Luces

1º Rayo de la Luz Azul

Maestro Ascencionado Chohan/Director: El Morya
Arcángel Miguel
Día de la semana: Domingo
Virtudes: Fuerza, Poder Personal, Voluntad Divina, Protección, Liderazgo, Fe

Maestro El Morya: Nueva Morada Dimensional

"¡Mucha Luz Azul, mis queridos batalladores de este bello y azul planeta Tierra!

Que la energía de fe y coraje por la constante lucha que traban al encarnar, con el fin de evolucionar, se expanda más y más en ustedes, alrededor de ustedes y en todo su Planeta.

El actual camino, para alcanzar a los objetivos trazados en su libre albedrio, pide el fortalecimiento de la Voluntad Divina que cada uno posee dentro de su corazón, apoyada por la Sabiduría y Amor, en el sentido de que se convierta (la Voluntad Divina) tan grande cuanto el proporcional deseo de ser seres libres y cada vez más iluminados, viabilizando una rápida conexión con el Divino al regreso de su Casa Mayor.

Importante que lleguen al destino con la victoria de la conquista evolutiva, formando parte de una 6a Dimensión de armonía y mucho amor y la Voluntad Divina de cada uno para el alcance de este propósito será la medida proporcional de su evolución y de su nueva morada dimensional, en local más armonioso y feliz.

Todos nosotros de la falange de la Luz Azul estamos, con Rayos Cristalinos, envueltos para auxiliar en su intento evolutivo de amor y, para esto, atender a todos que invoquen la espiritualidad de luz azul, para protección de los males y aumento gradual y constante de la fe.

Yo y los soldados del Arcángel Miguel estamos a puestos y, en este momento evolutivo de la Tierra, logramos llegar con mayor rapidez cuando solicitados.

Amamos a todos ustedes y acepten las comprensiones actuales, para que ejerciten nuestro llamado, de modo a energizar con mayor frecuencia e intensidad sus cuerpos y mentes y, así, a expandir energías positivas y que apartan las negatividades aún existentes.

¡Fuerza y Fe!

¡Amo a todos!

Soy Maestro El Morya, de la Luz Azul de la Fe y de la Voluntad Divina dentro de cada uno."

(Mensaje canalizado en 23/05/2019)

2º Rayo de la Luz Dorada

Maestro Ascencionado Chohan/Director: Confucio
Arcángel Jofiel
Día de la semana: Lunes
Virtudes: Sabiduría, Iluminación, Ciencia, Tecnología, Conocimiento, Inspiración

Maestro Confucio: Santuarios de Luz

"Mis hermanos,

Estoy aquí para concientizarles acerca de lo cuán importante es la presencia de ustedes en locales donde hay grande concentración de oraciones y estudios acerca de los caminos de luz que deberán seguir.

En estos locales hay también un inmenso volumen de energías en circulación, energías de todas las naturalezas, desde las densas a las más sutiles. Estas últimas, más conectadas con las energías positivas del Universo, poseen gran importancia en la limpieza de aquellas en circulación, expandiéndose con el auxilio de la espiritualidad presente, hasta las más densas, apartando en una parte considerable las pesadas, que atraen espíritus perdidos y aún maliciosos o dominados por odios, rabias y deseos de venganza.

Los espíritus perdidos están en constante apego material, tanto a los bienes, cuanto a las personas que acaban por conectarse con ellos, aunque sin intención, ya que se trata de afinidad energética. Pero hay también aquellos perdidos que simplemente no aceptan que desencarnaron y no poseen comprensión de la prosecución de la vida tras la muerte del cuerpo físico, manteniéndose también en las esferas terrenas en el intento que se restablezcan como humanos o solo por miedo de lo que hay por delante. Por lo tanto, todos ellos, mis hermanos, necesitan de muchas luces, para que puedan comprender la importancia del arrepentimiento, de los valores de la moral y de la ética, necesidad de proximidad con energías del bien y principalmente del perdón a si propios y a todos aquellos que hayan perjudicado un día, vivos en la Tierra o en espíritu.

Estas luces están en mayor cantidad y calidad dentro de los Santuarios de oración, que estén de hecho conectados a la busca sincera de evolución mientras humanos, para quien no cree en la vida tras la muerte, y mientras humanos y espíritus, para las doctrinas espiritualistas y/o enfocadas en energías y purificaciones, como los budistas y otras más.

Las personas que se encuentren en estos locales de amor y dedicación a sí mismas y al próximo, estando en elevada sintonía con las energías puras del Universo, es decir, con Dios Padre todo poderoso, atraen más de esta misma energía y la desvanecen a los más necesitados, que de allí salen conectados con ellas, llevando para sus hogares y otros ambientes, incluso trabajo, las energías adquiridas y toda la Espiritualidad de Luz protectora a auxiliarle en su cotidiano. Se abren más luces para la consciencia de su Yo Soy Divino Interior, de modo a que visualicen con mayor facilidad el camino de luz a seguir.

Noten, mis hermanos, la importancia de que aquellos seres encarnados que están en constante contacto con energías del bien comparezcan regularmente a estos locales de reunión de personas en busca de Dios. Importante, más aún, que aquellas personas que deseen una conexión con el divino y un mayor entendimiento acerca de los comportamientos de la vida se dirijan a estos locales periódicamente y con fuerza suficiente para apartar a los problemas que aparezcan e que intente apartarlos de estos momentos de oración y de reflexión dentro de las iglesias, templos, centros espíritas, espacios para reuniones y alabanzas a Dios, en las mediaciones, conferencias, entre tantos otros. Sepan que, junto a todos los presentes están los ángeles, arcángeles, espíritus de alta luz, o santos, para algunos, así como la energía divina del Espíritu Santo de Dios, dividida en diversos colores y fuerzas intensificadoras de las virtudes existentes en cada uno, con el objetivo de anular, iniciándose por la reducción, todo el mal causado por la limitación de la conciencia divina acerca del Yo Soy Dios en cada uno.

El objetivo es la liberación de toda la limitación representada por miedos, inseguridades, rabias, resentimientos, que se pueden desvanecer por la reducción de la elevación del ego. Esto trae una sensación de isonomia, sencillez, humildad, necesidad de practicar la caridad y de tener misericordia, con mucho amor a sí mismo y al próximo. ¡Amor y perdón! La liberación trae paz a su vida y la convierte en alta energía del bien, con la protección divina constante.

Hermanos, mientras todos están juntos en oración y en el propósito de la aclaración para adquirir la sabiduría divina, las energías del bien hacen formar una verdadera corriente de soldados espirituales alrededor del local, para evitar que energías densas de fuera entren y estorben la limpieza que ha sido hecha en el comienzo y las enseñanzas de amor pasados. Muchos de estos son dorados, de mi falange, para proteger e intensificar la potencialidad de la luz dorada de la sabiduría divina. Otros son azules, del Arcángel Miguel y del Maestro El Morya, para la protección. Hay soldados de todos los colores, según las falanges de los demás Maestros Acencionados de Luz, según las necesidades de aquél local.

Así, mis hermanos, tengan conciencia acerca de la importancia de que se reúnan, en nombre de Dios Padre, pues donde dos o más estén en su nombre, la combustión energética de luz será mayor para auxiliarles. Unos donarán sus luces sutiles y recibirán aún más de la misma luz y otros tendrán apartadas energías densas, conectándose día tras día a las energías puras y divinas y llevándolas para sus ambientes, siendo esencial que oren y vigilen tras la reunión, para mantener las luces encendidas en su espíritu.

Mucha luz en vuestro caminar de luz.

Amo a todos ustedes y estoy aquí para auxiliarles en la comprensión y en el ejercicio del bien.

¡Mucha Luz Dorada!

Soy Maestro Confucio."

(Mensaje canalizado en 20/06/2018)

3º Rayo de la Luz Rosa

Maestra Ascensionada Chohan/Directora: Rowena
Arcángel Samuel
Día de la semana: Martes
Virtudes: Amor Puro Incondicional, Perdón, Auto aceptación, Gratitud, Belleza, Bondad, Reverencia, Tolerancia, Adoración

Maestra Rowena: Camino de Puro Amor

"¡Buenos días, mis hermanos!

Buenos días vida que calenta vuestros corazones.

Hoy vine a hablar de amor. Desde lo más bello y puro amor.

Del amor por vuestras vidas pasajeras en la Tierra.

Pasajeras, pues vosotros sois espíritus en evolución, que necesitan pasar por probaciones para que se conviertan en personas mejores y espíritus más evolucionados.

Imaginan algunos el porqué, aunque siempre en oración, pasa por tantos sinsabores, decepciones, rabia, opresiones. ¿Sabe para qué? Para que aprendan de verdad el significado del perdón, para que sepan apartar de ustedes mismos los resentimientos y no más los acumulen en sus corazones.

Eso es amor. Amar al próximo como a ti mismo.

Pero atención: ámense a sí mismos. Perdónense de todas las imperfecciones practicadas en esta y en otras vidas pasadas.

Enfoquen en vuestra recuperación espiritual.

Aprendan a apartar el joyo del trigo y a perdonar la paja dañina del mundo, para que él también se desvincule energéticamente de vosotros y siga su camino evolutivo espiritual.

Entonces, entrenen, mis amores. Entrenen el perdón todos los días.

Elijan el camino exclusivo del bien.

Ora y vigila siempre el tiempo entero y no se avergüencen de volver atrás y pedir perdón.

¡Eso es muy bello!

Nosotros aquí quedamos satisfechos cuando vimos a un hermano verdaderamente arrepentido y teniendo coraje de pedir perdón y de perdonarse.

Ese vuestro acto de coraje trae inúmeros beneficios evolutivos en la tierra y al Universo siempre.

Entonces, manténganse en la luz con constantes oraciones y trabajos espirituales, para que así logren ver a los límites del bien y del mal y desvanezcan en definitivo cualquier hierba dañina de vuestros corazones que pretenda desarrollarse.

El amor pasa por el perdón sincero.

Es eso, mis queridos.

Elijan hoy al camino del puro amor.

¡Mucha Luz Rosa para todos ustedes, familias y amigos!

Soy Maestra Rowena."

(Mensaje canalizado en 21/03/2018)

4º Rayo de la Luz Blanco-cristal

Maestro Ascensionado Chohan/Director: Seraphis Bey
Arcángel Gabriel
Día de la semana: Miércoles
Virtudes: Pureza, Paz, Equilibrio, Ascensión, Silencio,Resurrección, Purificación, Limpieza de Karmas

Maestro Seraphis Bey: Camino Evolutivo

"¡Aleluya, mis hermanos!

Paz en la Terra para los hombres de bien.

Estén siempre en la Luz Divina y deseen mucho su paz interior.

La paz que tanto necesitan para que puedan quedarse lúcidos en medio a tantos sinsabores cotidianos.

Esa lucidez es el medio hábil para las decisiones firmes y correctas en el camino del bien.

Para esto, necesitan tener paciencia y persistencia.

Paciencia, para el enfrentamiento diario de todas las probaciones, con alegría y certidumbre de la actuación en el bien. Y persistencia, para que no desistan un solo momento de su evolución espiritual, para que también sirvan de ejemplos a otras personas perdidas en la Tierra.

Hermanos, cada acto de bondad, coraje y fe será recompensado en espiritualidad, estén seguros de eso. Tendrán bonos-horas como créditos evolutivos en el trabajo espiritual del amor al próximo y, además de eso, podrán hacer menos dañosa su pasaje en cada encarnación que necesiten.

Ese es el camino evolutivo, dentro del Espíritu Santo de Dios, de la más pura energía existente en el Universo, energía esta de amor incondicional y paz, pura paz.

Incito a vosotros que trabajen vuestra paz interior, a alcanzar, en un futuro breve, la redención que tanto anhelan.

No se dejen llevar por las malas energías, mis hermanos. ¡Protéjanse!

La vida que tienes fue dada como un mecanismo divino para su evolución, que incluye pesos y, principalmente, las glorias obtenidas tras sobrepasarlos. Comprendan que no hay pesos que no puedan soportar, pero, para esto, deberán alterar la forma de ver el problema, teniéndolo como una oportunidad de aprendizaje y de crecimiento e intentando, a todo tiempo, sobrepasar los resentimientos y las tristezas, los rencores, las rabias y los odios dejados por él. Para esto, es necesario observar sus propios actos, perdonarse y perdonar al próximo.

Todo tiene un porque, mis hermanos. Entonces, no salgan del camino de la luz, para que puedan ver el motivo evolutivo y escuchar la voz de su corazón y de su espíritu.

Así, en un silencio profundo y regenerador, podrán comprender mejor vuestros designios y lograr la felicidad, la paz de espíritu, el amor y hacer el bien a vosotros mismos y al próximo.

Queden en paz. ¡Paz, paz, paz!

Tranquilidad y calmaría. Deben anhelar urgentemente esto. Paz en el habla, calmaría en los pensamientos, tranquilidad en la resolución de los problemas, felicidades en el alcance de vuestra evolución, para que sean verdaderamente alegres y esparcen lo más puro amor al vuestro alrededor.

Vos amo, mis hermanos. Siéntanse bendecidos en este día.

¡Mucha Luz Blanco-cristal de la Paz y de la Ascensión Divina!

Con amor,

Soy el Maestro Seraphis Bey..”

(Mensaje canalizado en 04/04/2018)

5º Rayo de la Luz Verde
Maestro Ascencionado Chohan/Director: Hilarión
Arcángel Rafael
Día de la semana: Jueves
Virtudes: Curaciones, Verdades, Justicia Divina, Concentración y Dedicación

Maestro Hilarión: Fluido Universal

“¡Mis queridos hermanos en la Luz de Dios Padre todo Poderoso!

El camino en este momento llevará ustedes a un lugar de mayor comprensión acerca de todo el aprendizaje que viene obteniendo con las encarnaciones terrenas. Es un local, un espacio, en dimensión simultánea a la actual, pero con vibración superior y para lo cual estarán sensibles y podrán conectarse, desde que entren en proceso de curación de los males internos causados por sus desvíos, en esta y en vidas pasadas.

Esta curación adviene de la apertura inicial de sus mentes a todas las instrucciones que están siendo pasadas. Esto permitirá que conozca la Verdad Divina y esta Verdad hará con que comprendan la real Justicia del Cosmos, que pasa por la comprensión de la movimentación coordinada y orientada de las energías universales y de los fluidos peri espirituales en contacto con la densidad terrena.

Mis hermanos, sé que en principio, todo parece extraño, distinto de todo que ya conocen acerca de religiones y espiritualidades. Pero, queden tranquilos, pues este pasaje de conocimientos será hecho por ustedes con lentitud y mucho amor.

Habrá diversas pruebas de la transmutación energética del Planeta Tierra y podrán, con conciencia racional, sin miedos o prejuicios, acercarse de las energías positivas traídas por las instrucciones acerca del destino de ustedes y de toda la espiritualidad, para que las acepten y las insertan en su cotidiano de vida terrena.

Hermanos, todo pasa por fluidos, los cuales, aquí en este Planeta, son manoseados por la fuerza de los pensamientos, que producen energías y que llevan a la aglomeración de ellas, formando todas las cosas y personas. Eso quiere decir que ustedes poseen el Fluido Universal Puro y Divino, pues están conectados a él y a él regresarán, y cuanto más puros sean de corazón mayor será la conexión divina.

La Verdad cura el alma, el periespíritu y el cuerpo físico. La Verdad es la de que sois fluido energético denso corporal y peri espiritual y que siempre regresan a la Casa Mayor, que es el Universo Supremo, que contiene el Fluido Puro Divino Universal. Necesitan, por lo tanto, liberarse de prisiones negativas y convertirse cada vez más ligeros, ya que la plena felicidad de los seres está en la perfecta armonía con el Cosmo Universal.

Que hoy y siempre reciban cada vez más fluidos beneficiosos y puros, y que puedan amarse, perdonar y purificar para el aumento constante de esta conexión, lo que traerá mayor felicidad, incluso en esta vida terrena.

Amo a todos.

¡Curación, Paz y Verdad!

Soy Maestro Hilarión."

(Mensaje canalizado en 23/05/2019)

Los Médicos Espirituales del Equipo Médico Espiritual del Grande Corazón de Astheriãn

"El Equipo Médico Espiritual del Grande Corazón de Astheriãn es una colonia residencial donde viven aproximadamente 1.500.000 (un millón quinientos mil) médicos espirituales de varias especialidades médicas, científicos e investigadores abnegados. Son Trabajadores de la Luz Divina, que ejecutan un trabajo de amor, dedicación y auxilio a todos aquellos que necesitan de tratamiento espiritual presencial (cirugía espiritual presencial), tratamiento espiritual a la distancia (cirugía espiritual a distancia), oración personal y para el hogar y otras formas de auxilio a los residentes del planeta Tierra.

La Colonia ha sido construida en el espacio con dimensión geográfica que se asemeja a los tamaños de los continentes de la América, que se subdivide en América del Norte, América Central y América del Sur, de Europa y de Asia. Su ubicación es aproximadamente arriba de los océanos Atlántico, Pacífico, Glacial Ártico, Índico, mares Mediterráneo y Negro. Posee un conglomerado (varios edificios) de Tecnología de la Información con equipos, aparato de investigación y ordenadores extremadamente avanzados con alta tecnología y actuación que sirven para mediciones, recolección de datos, almacenamiento de todo y cualquier tipo de información que contribuya para el progreso y avance de los hallazgos médicos, científicos y tecnológicos en favor de la Tierra. En ese conglomerado está el Registro Akásico que es un grande banco de datos con informaciones de todas las encarnaciones y hechos del pueblo terrestre.

Eses Trabajadores de la Luz Divina se asoman de manera ininterrumpida a las investigaciones médico-científicas y estudios para hallazgos de nuevas medicinas y tratamientos que son soplados en los oídos atentos de los científicos e investigadores encarnados (vivos) en la Tierra para que persistan en sus investigaciones y puedan traer un nuevo aliento, una nueva esperanza a los seres humanos acometidos por diversos tipos de enfermedades.

Los médicos espirituales poseen una mirada atenta y generosa. Son revestidos por el Amor Incondicional de Dios para que puedan proseguir con determinación y abnegación en sus jornadas del bien para auxiliar al ser humano en su vivencia en el Planeta Tierra, consolidando los cimientos del Amor Incondicional a través de las enseñanzas de Cristo, Patrón del Planeta Tierra y por Jesús Cristo, Instructor del Mundo.

Soy Dr. Helmuth."

(Mensaje canalizado en 05/06/2019)

Mensajes de los Médicos Espirituales del Equipo Médico Espiritual del Grande Corazón de Astheriãn

"Estimado (a) amigo (a),

El Equipo Médico Espiritual del Grande Corazón de Astheriãn posee un Equipo Médico Multidisciplinario que estudia e investiga incansablemente acerca de todas las enfermedades raras y comunes que causan incomodidad y limitaciones a las personas. Buscan los mejores tratamientos y recursos para que la humanidad tenga salud espiritual, mental, emocional y física y para que pueda disfrutar de una vida saludable y próspera.

Le presentamos parte del Equipo Médico Espiritual y sus especialidades. Cada experto describe la perfección del cuerpo humano en armonía, pero en desequilibro aparecen enfermedades que dificultan y limitan su caminar.

Busque armonizarse a través de los mantras conectándose con la fuerza y el poder curativo de las palabras que vibran en perfecta sintonía con la Pura Esencia Divina de Dios. Al identificar sus limitaciones y dificultades, recite el Mantra elegido cuantas veces tenga necesidad."

Equipo Médico Espiritual del Grande Corazón de Astheriãn."

(Mensaje canalizado en 16/06/2019)

Dr. Helmuth – Investigador Botánico y Dirigente del Equipo Médico Espiritual del Grande Corazón de Astheriãn y del Grupo Anjos de Luz: Inspiración

"¡Orquídeas! Raras, comunes, sencillas, bellas, fascinantes, son Regalos de Dios para expresar la consistencia pura de la creación del Universo.

Las orquídeas me apuntan caminos para comprender los anhelos, carencias y necesidades del alma humana.

Me entrego al poder mágico y contagioso de las orquídeas y me asomo en las investigaciones con todas las especies de plantas, para descubrir el poder de curación que hay en cada una. Sean ellas minúsculas, sencillas o exuberantes.

A través de su expresión de amor, las orquídeas revelan a mi alma hallazgos que propiciarán a la humanidad la comprensión de que somos Uno con el Creador y despiértese para la vivencia y práctica del Amor Incondicional.

¡A las orquídeas mi amor, respeto y gratitud!

Soy Dr. Helmuth, Investigador Botánico y Dirigente del Equipo Médico Espiritual del Grande Corazón de Astheriãn y del Grupo Anjos de Luz.

Mantra: *Mi cuerpo, mi mente, mi espíritu están integrados en perfecta armonía con la esencia del Creador.*"

(Mensaje canalizado en 04/06/2019)

Dra. Evelyn – Alergologista e Imunologista: Força Interior

"Hay un amplio espectro de posibilidades.

No se tiene la causa y el efecto en una sencilla mirada analítica.

Vibra un campo emocional intenso, que clama por amparo y por orientaciones.

Padece el cuerpo, sufre el alma.

El sencillo diagnóstico no lleva a la definición de un proceso que se vincula al alto estándar de sentimientos y emociones ocultas y conturbadas.

Amplio es el alma, amplio es el corazón.

Soy Dra. Evelyn – Médica Alergóloga e Inmunóloga del Equipo Médico Espiritual del Grande Corazón de Astheriãn.

Mantra: *Vibro en mi la liberación de todo que me causa la irradiación del dolor.*"

(Mensaje canalizado en 13/05/2019)

Dr. Marcus Agostini – Angiólogo: Irrigando el alma

"El campo vascular recorre todo el cuerpo y tiene una gama de venas y vasos, que garantizan la total irrigación de todas las partes del cuerpo.

Hablo del singular ejemplo de la grandeza de Dios a esparcir su Soplo Divino que convierte nuestras vidas y nos despierta para el caminar.

Busco enterarme de los procesos inflamatorios circulatorios, llevando al paciente la mejora de su locomoción.

Soy Dr. Marcus Agostini – Médico Angiólogo del Equipo Médico Espiritual del Grande Corazón de Astheriãn.

Mantra: Me libero del peso de la vida. Camino con la levedad del alma."

(Mensaje canalizado en 18/05/2019)

Dr. Klaus Jhuan – Cardiólogo y Cirujano Cardiovascular: Caminando con alegría

"El agua pura y cristalina brota de las nacientes y circula por caminos profundos, tortuosos y, muchas veces, estrechos, anchos y sencillos, diseñando belleza por donde pasa. Es incansable y persistente. Hace nacer la vida y nutre su existencia.

Cuido y protejo con dedicación y amor de su corazón y todo aparato circulatorio para que usted siéntase fuerte para recorrer con amor los caminos de su existencia y vencer los obstáculos con equilibrio, armonía y salud, distribuyendo alegría y vida por donde pasar.

Soy Dr. Klaus Jhuan – Médico Líder Cristal, Cardiólogo y Cirujano Cardiovascular del Equipo Médico Espiritual del Grande Corazón de Astheriãn.

Mantra: Mi corazón es fuerte, saludable, amoroso y late en sintonía con el Amor Incondicional."

(Mensaje canalizado en 04/06/2019)

Dr. Benjamín – Cirujano General: Extirpando el mal

"En los nobles trabajos quirúrgicos, me preocupo en restaurar no solo la parte corpórea afectada, como también el corazón que sufre y anhela por la curación.

Noble es el alma humana que lucha hasta el último destello de vida en busca de vivir la vida del cuerpo que padece del mal.

Y es la fuerza de la vida, junto a los trabajos restauradores, que retratan la curación.

Soy Dr. Benjamín – Médico Cirujano General del Equipo Médico Espiritual del Grande Corazón de Astheriãn.

Mantra: Tengo la fuerza de Dios en mí. Puedo milagros en la fe."

(Mensaje canalizado en 15/05/2019)

Dr. Hans – Medicina General: Auscultando el alma

"Alimento la esperanza de los pacientes, auscultando su corazón y buscando abrir caminos para la curación, a través de una búsqueda profunda de las causas humanas.

La vida humana es un espectro invisible de posibilidades.

El alma humana necesita estar sana, para que el cuerpo permanezca saludable.

La búsqueda es ligera y compleja, es como tocar las entrañas del paciente con la certeza de que el mal que padece no está solo allí en el manifiesto del dolor.

Soy Dr. Hans — Médico Medicina General del Equipo Médico Espiritual del Grande Corazón de Astheriã.

Mantra: Vibro la savia de la vida. Manifiesto en mí el deseo de curarme."

(Mensaje canalizado en 18/05/2019)

Dr. Miguel – Medicina General y Acupunturista: Armonía Curativa

"El amor por ti
Trae la paz a su cuerpo físico
Trae equilibrio allí
Donde la densidad necesita salir.
Su cuerpo habla
Su mente comanda
Escucha su corazón y sus sentidos
Y permítase al amor que emana de ellos.
Armonía se busca incesantemente
Como la naturaleza busca estabilizarse
Cuídese incansablemente
Para su bienestar alcanzar
Y el equilibrio externar.

Soy Dr. Miguel, Médico Espiritual Medicina General y Acupunturista del Equipo Médico Espiritual del Grande Corazón de Astheriã.

Mantra: La luz que brota de mi corazón, se esparce por todo mi ser en perfecta armonía: cuerpo, mente, espíritu y alma."

(Mensaje canalizado en 23/05/2019 e 06/06/2019)

Dra. Helen – Proctóloga: Cuerpo Saludable!

"Servir es la magnificencia de un camino.
Dedicar es la plenitud con el amor.

Abrir caminos y concavidades, propiciando la extirpación del mal, que impide, por adherencias e inflamaciones, la eliminación de los desechos tóxicos del cuerpo humano.

Solo el bien nos eleva.

La maldad intoxica el alma y el cuerpo y degenera el corazón.

Soy Dra. Helen – Médica Proctóloga del Equipo Médico Espiritual del Grande Corazón de Astheriãn.

Mantra: *Limpio en mi todo lo que promueve la inquietud de mi alma.*"

(Mensaje canalizado en 06/05/2019)

Dra. Sophia – Dermatóloga: Vibración positiva

"Partiendo de la premisa de que somos lo que mostramos que somos, trato de la alegría restauradora en aquellos que se sienten constreñidos por los incómodos externos de su cuerpo.

Abro sonrisas en los labios y consuelo el alma en los anhelos de la belleza y perfeccionamiento saludable de una apariencia saludar.

El estudio de todas las manifestaciones que vienen de una causa interna que se necesita diagnosticar.

Aflora el mal que necesita ser eliminado por la raíz.

Soy Dra. Sophia — Médica Dermatóloga del Equipo Médico Espiritual del Grande Corazón de Astheriãn.

Mantra: *Yo Soy, Yo Soy, Yo Soy, Soy la belleza que hay en Dios.*"

(Mensaje canalizado en 15/05/2019)

Dra. Alice – Endocrinóloga y Geriatra: la fuente vital

"En la profundización de más conocimientos, busco esmerarme en las contingencias oscuras del cuerpo humano, que retractan los procesos que delinean las discapacidades y procesos degenerativos

El alma siente el peso del cuerpo que carga las degeneraciones que el caminar de la vida manifiesta.

Trato el sistema glandular que promueve las funciones vitales.

Soy Dra. Alice – Médica Endocrinóloga y Geriátrica del Equipo Médico Espiritual del Grande Corazón de Astheriãn.

Mantra: *Mi cuerpo es perfecto. Mi cuerpo vibra la perfección de Dios.*"

(Mensaje canalizado en 17/05/2019)

Dr. Oliver – Fonoaudiólogo: Expresando sentimientos

"Oigo los sonidos que llegan a mis oídos, la naturaleza intensa que vibra en mis caminos.

Sí, la belleza del escuchar y sentir cada sonido y vivir en si lo que la sonoridad nos revela es una grandiosidad de la vida.

Transmitir sentimientos y demostrar nuestros desvelos nos remite al corazón del otro.

Intensifico en mí el propósito de cubrir la falla humana en la expresión de sus sentimientos, llevando la oportunidad de la mejora y curación de los desvíos del habla.

Soy Dr. Oliver – Médico Fonoaudiólogo del Equipo Médico Espiritual del Grande Corazón de Astheriãn.

Mantra: *Escucho, creo, existo… Expreso mi alma en la vibración de mis palabras.*"

(Mensaje canalizado en 17/05/2019)

Dr. Obama – Gastroenterólogo: Salud es vida

"Las funciones de un aparato digestivo son múltiples, máquina que proporciona la fabricación de las enzimas de los nutrientes y la eliminación de sustancias innecesarias al organismo.

Acto divino del Creador proporciona la oportunidad al ser humano del placer de uno alimentar que le agudiza los deseos, satisface sus necesidades y mueve su energía.

Busco encontrar formas saludables de alimentación, para aquellos que manifiestan trastornos enfermizos, concientizándolos de la necesidad de que se cuiden mejor.

Soy Dr. Obama – Médico Gastroenterólogo del Equipo Médico Espiritual del Grande Corazón de Astheriãn.

Mantra: *Soy la salud plena. Vibro la energía de alimentos saludables.*"

(Mensaje canalizado en 18/05/2019)

Dra. Frida Glory – Genetista: Amorosidad

"Recorrer el camino del alma es creer en los sueños y abrazar a todos los retos con amor para hacer con que sea posible la realización de los más puros deseos.

Abrazo con amor y dedicación a los retos contenidos en las células y en los genes de su cuerpo, para que su vida sea saludable y perfecta.

Soy Dra. Frida Glory – Médica Líder Cristal Genetista del Equipo Médico

Espiritual del Grande Corazón de Astheriãn.

Mantra: *Mi cuerpo vive en perfecta armonía siguiendo los propósitos de mi alma.*"

(Mensaje canalizado en 22/04/2019)

Dra. Olga – Genetista: Nuevos caminos

"En la evolución de los seres vivos, recorro el camino del aprendizaje y delineación de nuevas formas y condiciones humanas.

Me integro al todo y delineo el complejo intenso de la vida.

Soy el todo en todos.

Somos uno en la perfección del Padre.

Devaneos, sueños, ilusiones.

Pensamientos, orientaciones, decisiones.

Es el proceso químico que retrata la vida.

Ser el ser que necesita ser.

Soy Dra. Olga – Médica Genetista del Equipo Médico Espiritual del Grande Corazón de Astheriãn.

Mantra: *Mi cuerpo es perfecto. Comando la perfección en mí.*"

(Mensaje canalizado en 06/05/2019)

Dra. Clara – Geriatra: Elevando la fe

"Sencillo semblante que sufre con los dolores del cuerpo y del alma.

Pacientes en busca del perfeccionamiento del cuerpo, que restriñe los anhelos del alma, en la debilitación progresiva del vivir.

Pongo mi semblante de amor y delineo la mejor manera de contribuir para el establecimiento de mejoras, delante de la sabiduría de sentirse un ser provisto de la bendición interior de la fe.

Soy Dra. Clara – Médica Geriatra del Equipo Médico Espiritual del Grande Corazón de Astheriãn.

Mantra: *Tengo la fuerza de Dios en mí. Mantengo la certeza de mi poder mayor.*"

(Mensaje canalizado en 13/05/2019)

Dra. Adhele – Pediatra Adolescentólogo: Despertar para la vida

"Como es bello sentir las transformaciones de un cuerpo que se prepara para vivir el camino y recorrerlo.

Trae en la esencia la inseguridad, la fragilidad del querer, del sentirse capaz.

Llevo la belleza de la transformación como el puerto seguro para la reforma íntima de quien tantea los primeros pasos para la propia realización.

Soy Dra. Adhele – Médica Pediatra Adolescentólogo del Equipo Médico Espiritual del Grande Corazón de Astheriã.

Mantra: *Me abro a la vida. Creo en mí."*

(Mensaje canalizado en 17/05/2019)

Dra. Leonna – Neurocirujana: El comando de la vida

"Es enigmático el cerebro humano.

Por él pasan comandos que delinean el complejo de la vida.

Los estímulos nerviosos caminan por el cuerpo, en una gama maravillosa de terminaciones que hacen toda la sustentación neurológica humana.

Con los recursos posibles, llevo el alivio a aquellos que a mi recurren con la esperanza de la mejora del dolor.

Soy Dra. Leonna – Médica Neurocirujana del Equipo Médico Espiritual del Grande Corazón de Astheriã.

Mantra: *Todo puedo en la fuerza de Dios en mí."*

(Mensaje canalizado en 20/05/2019)

Dr. Zaire – Neurocirujano: Comunión cósmica

"Los planetas, estrellas, todas las galaxias crean el movimiento de la danza Cósmica del Universo, haciendo surgir la vida con energía, belleza, simplicidad, emoción y creatividad.

¡Cuido de lo que hay de más humano que es la vida! Estudio e investigo las dificultades y limitaciones que están conectadas a las discapacidades neurológicas de su columna, cráneo y niervos y hago intervenciones quirúrgicas. Tomo decisiones difíciles y de coraje para permitir que su cuerpo experimente la alegría y el placer de bailar la música regida por su alma en comunión con el Universo.

Soy Dr. Zaire – Médico Líder Cristal, Neurocirujano del Equipo Médico Espiritual del Grande Corazón de Astheriã.

Mantra: *Celebro la vida y alimento mi espíritu bailando la música de mi alma."*

(Mensaje canalizado en 04/06/2019)

Dra. Helga – Neurocirujana Pediatra Adolescentólogo: Una nueva oportunidad

"Promuevo en mi la oportunidad de auxiliar a aquellos jóvenes que sufren de algunas facetas comprometidas en su cuerpo físico.

Llevarles la oportunidad de que sigan adelante en la vida que les aclara un norte en esperanzas y sueños a construir.

Cuido de las discapacidades del sistema nervioso, que impiden el alcance de una calidad de vida superior.

Soy Dra. Helga – Médica Neurocirujana Pediatra Adolescentólogo del Equipo Médico Espiritual del Grande Corazón de Astheriãn.

Mantra: La fuerza que me conduce, me garantiza la seguridad de mi llegada."

(Mensaje canalizado en 20/05/2019)

Dr. Rudolph – Neurólogo: Equilibrio humano

"Los comandos de nuestra vida son procedentes de nuestro cerebro, pequeñas venas rodean la cavidad ósea de la cabeza, interconectando ese factor neurológico que conduce nuestra dirección a pasos largos, junto a todos los miembros del cuerpo humano, están entrelazados, unidos como una máquina, donde ninguna pieza puede fallar y, acaso falle, el ciclo se rompe temporalmente.

Ajustamos nuestras partes físicas del cuerpo y peri espiritual para que equilibrados el ser humano vuelva a las sus actividades y evolución. Por lo tanto, debemos mantener equilibrada la máquina humana.

Soy Dr. Rudolph - Médico Neurólogo del Equipo Médico Espiritual del Grande Corazón de Astheriãn.

Mantra: Libero mis pensamientos negativos para que el amor, la paz y el equilibrio permanezcan."

(Mensaje canalizado en 24/04/2019)

Dra. Sheila – Oftalmóloga: Visión amplia

"Por la fuerza de la costumbre, me entrego para sentir toda la grandeza infinita de Dios, en la mirada que recorro a mi alrededor.

La plenitud de la vida es la expresión máxima del Creador.

Me entrego a cuidar de los ojos, que llevan al corazón la belleza de la vida que nos rodea, encendiendo el amor en el alma de quien ve, en la amplitud del vivir.

Soy Dra. Sheila – Médica Oftalmóloga del Equipo Médico Espiritual del Grande Corazón de Astheriãn.

Mantra: Enciendo la luz en mi con el brillo de la luz que me rodea."

(Mensaje canalizado en 13/05/2019)

Dr. Aaron Klaus – Oncólogo: Liberando el alma

"Cuando el alma humana sufre, el cuerpo sufre.

El dolor lacera el alma y abre heridas que llegan al cuerpo en proceso degenerativo.

Para la curación es necesario amor, sensibilización, para llevar al paciente la comprensión de la necesidad suprema de darse cuenta de la vida como una etapa probatoria, para la recuperación humana.

Acérquese a esto el tratamiento de las manifestaciones físicas.

Soy Dr. Aaron Klaus – Médico Oncólogo del Equipo Médico Espiritual del Grande Corazón de Astheriãn.

Mantra: Me libero del dolor y del miedo. Determino la curación en mí."

(Mensaje canalizado en 19/05/2019)

Dr. Adolph – Oncólogo: Paz en el alma

"El dolor es el proceso degenerativo del hombre.

El dolor del alma se establece en el cuerpo y fabrica la potencialización de aquello que se convierte el desencadenar de la propia destrucción.

Sentimientos malignos son úlceras que sangran el alma y degeneran el cuerpo, destruyéndolo poco a poco.

Llevo la oportunidad de la mejora, actuando en la extirpación del mal que degenera las células.

Soy Dr. Adolph – Médico Oncólogo del Equipo Médico Espiritual del Grande Corazón de Astheriãn.

Mantra: Me fortalezco en la luz del amor y del perdón."

(Mensaje canalizado en 08/05/2019)

Dr. Matheo Lenin – Oncólogo Pediátrico: Curando el alma

"El alma humano en la pequeñez de un cuerpo, que trae resquicios de improperios o necesidades apremiantes de contribuir al amor.

Nace lo niño trayendo el maravilloso compromiso de luchar por la reforma y mejora existencial.

Azotes necesarios para la recuperación de la vida que camina.

Desvelo mis cuidados con amor y conocimiento, abriendo las puertas a la reinserción de las células en el mando de la curación.

Soy Dr. Matheo Lenin – Médico Oncólogo Pediátrico del Equipo Medio Espiritual del Grande Corazón y Astheriãn.

Mantra: *Dios dame fuerza. Determino la curación.*"

(Mensaje canalizado en 15/05/2019)

Dr. Alexsander – Otorrinolaringólogo: Equilibrio

"Escuchar, sentir y cantar al sonido de la melodía regida por la orquestra sinfónica de la naturaleza, es lo que hay de más sagrado en la vida.

Sentir el olor del rocío de la mañana después de una noche fría, la tierra mojada por la lluvia mansa después de un día de sol, escuchar la bandada de los pájaros de regreso para casa al atardecer, calla el alma y equilibra los sentidos.

Expresar el sentimiento de gratitud a través de la poesía y poder cantar al viento el amor por la libertad hace brotar en el alma la armonía del espíritu.

Cuido de sus sentidos, de la percepción del todo, para que viva con equilibrio, confianza y seguridad todos los matices de su existencia.

Soy Dr. Alexsander – Médico Líder Cristal, Otorrinolaringólogo del Equipo Médico Espiritual del Grande Corazón de Astheriãn.

Mantra: *A partir de hoy voy a escuchar, hablar, sentir y vivir con amor lo que sea bueno para mí y para los otros.*"

(Mensaje canalizado en 04/06/2019)

Dr. Noah – Otorrinolaringólogo: Fluidos divinos

"En el aire que respiro está la fuerza y el poder de la vida.

La fuente divina planea en el aire.

Nadie prescribe la vida sin que del último suspiro y en el llanto del bebé se manifiesta la primera entrada de aire en sus pulmones.

Aire es vida.

Investigo los problemas respiratorios, trabajo la curación que propiciará la recuperación de los medios respiratorios, en la conducción del potencial vital al cuerpo de nuevo.

Soy Dr. Noah – Médico Otorrinolaringólogo del Equipo Médico Espiritual del Grande Corazón de Astheriãn.

Mantra: *Soy el aire que respiro. Soy la paz que invade mi alma.*"

(Mensaje canalizado en 13/05/2019)

Dr. Sander – Pediatra: Encanto

"El amanecer se encanta con la magia del florecer de las rosas amarillas, delicadas, fuertes, bellas y doradas como el sol. El espíritu es así cuando despierta para la vida.

Cuido de usted, niño, para que sea encantadora y magnífica como la rosa amarilla.

Soy Dr. Sander - Médico Líder Cristal de la Pediatría del Equipo Médico Espiritual del Grande Corazón de Astheriãn.

Mantra: *Soy fuerte, saludable, sensible y amoroso. Nací en la luz, vivo en la luz y permaneceré en la luz.*"

(Mensaje canalizado en 27/01/2019)

Dra. Stella – Neumóloga e Infectóloga

"Las impurezas sociales invaden el cuerpo humano y desestabilizan el complejo saludable de la estructura molecular.

La vida permea por varios caminos, donde la resistencia humana impide la instalación de aquello que puede perjudicar.

Llevo a los pacientes la fomentación en si del equilibrio perfecto del sistema inmunológico general.

Soy Dra. Stella – Médica Neumóloga e Infectóloga del Equipo Médico Espiritual del Grande Corazón de Astheriãn.

Mantra: *Mi organismo es fuerte. Bloqueo todo lo que compromete mi salud.*"

(Mensaje canalizado en 19/05/2019)

Dr. Werner – Neumólogo: El acto de respirar

"El proceso respiratorio promueve la oxigenación de todas la células y partes del cuerpo humano, restaurándoles las propiedades de la vida.

Me dedico a ejercer la magia divina de la curación, llevando a los pacientes la mejora de aquellos disturbios que impiden un sano respirar, libre de los males del dolor.

Respirar es vida.

Es sorber el fluido divino que nos garantiza el vivir.

Soy Dr. Werner – Médico Neumólogo del Equipo Médico Espiritual del Grande Corazón de Astheriãn.

Mantra: *El aire que respiro me trae luz. El aire que respiro me alimenta la vida.*"

(Mensaje canalizado en 17/05/2019)

Dra. Liz – Psiquiatra: Limpiando memorias

"En la esencia del alma, todo el contexto está en los disturbios existenciales...

Se asimila automaciones innecesarias y se contribuye para la incorporación de males del alma.

Limpio las memorias desequilibradas, hago sentir la pureza de un vivir feliz y la necesidad de sentir el amor.

La recuperación es lenta, basada en la transformación del ser que detiene condicionamientos de vidas y vidas.

Soy Dra. Liz – Médica Psiquiatra del Equipo Médico Espiritual del Grande Corazón de Astheriãn.

Mantra: *Soy un hijo de Dios. Tengo el poder de convertirme.*"

(Mensaje canalizado en 15/05/2019)

Dr. Marcus Joseph - Reproducción Humana: Vida

"Del óvulo nació la vida,

De la vida nació el Amor,

Del amor nacemos.

Busquemos el crecimiento espiritual en la humildad, en la simplicidad seguida por nuestro Jesús. Somos capaces de encender las llamas en nosotros mismos para la curación, ayuda a los necesitados, doctrinando con pequeñas palabras, sentir el corazón abierto, lleno de Amor con nuestro hermano. Bienaventurados sois vosotros Hijo del Padre Mayor, siga en la trilla del Amor.

Soy Dr. Marcus Joseph - Médico Espiritual de la Reproducción Humana del Equipo Médico Espiritual del Grande Corazón de Astheriãn.

Mantra: *Nací del amor, vivo en el amor, expreso amor y soy amor.*"

(Mensaje canalizado en 24/04/2019)

Dr. Samuel – Reumatólogo: Bloqueos y dolor

"Delante de los pronósticos del dolor, cabe a mí llevar al paciente el alivio posible de las trabas del cuerpo degenerado.

Las causas reumatoides necesitan de una mirada amorosa en el alma humana, que impide la propia vida de fluir con la suavidad del amor mayor.

El cuerpo somatiza las incomodidades de la vida.

Soy Dr. Samuel – Médico Reumatólogo del Equipo Médico Espiritual del Grande Corazón de Astheriãn.

Mantra: *Soy un ser perfecto. Vibro la perfección de mi camino.*"

(Mensaje canalizado en 19/05/2019)

Dr. Ubaldo – Reumatólogo: Quitando trabas de la vida

"Nacer, crecer, envejecer, partir.

Ciclos de una vida humana, que parte de una célula y se hace un cuerpo, en la perfección divina del amor más puro.

Y este cuerpo vive el dolor que adviene del deterioro del tiempo y de la dificultad del movimiento de los miembros.

Traemos alternancias para el alivio de lo que ya no trae la perfección.

Todo pasa.

Todo recorre el camino de la no permanencia.

Seguir es necesario.

Confiar es esencial.

Soy Dr. Ubaldo – Médico Reumatólogo del Equipo Médico Espiritual del Grande Corazón de Astheriãn.

Mantra: *Me libero de todo que me impide de caminar.*"

(Mensaje canalizado en 08/05/2019)

Dr. Lindhembergh – Traumatólogo y ortopedista: Realización

"Como el girasol que sigue al sol, sigo sus pasos. Observo y me inspiro en la maleabilidad del bambú en busca del mejor diagnóstico para tratar su estructura ósea.

Cuido de su cuerpo. Equilibro su estructura. Alineo su caminar para que pueda seguir en adelante con alegría y confianza en el compás de su paso, realizando sueños.

Soy Dr. Lindhembergh - Médico Líder Cristal, Traumatólogo y Ortopeda del Equipo Médico Espiritual del Grande Corazón de Astheriãn.

Mantra: *Mi estructura ósea es saludable. Camino con equilibrio y confianza.*"

(Mensaje canalizado en 18/11/2018)

Dra. Mariele – Uróloga y Nefróloga: Filtración de la vida

"Aprendo a liberar a mis pacientes de la intoxicación causada por la discapacidad o debilidad del tracto urinario.

Pruebo la visión de la vida en un gotear de oportunidades que no son orientadas y observadas por los seres humanos, que permanecen ajenos a los disturbios causados por la mala calidad de vida y orientación de la propia vida.

Filtrar la sangre de los resquicios impuros.

Filtrar pensamientos y sentimientos impuros a la propia alma.

Soy Dra. Mariele – Médica Uróloga y Nefróloga del Equipo Médico Espiritual del Grande Corazón de Astheriãn.

Mantra: Limpio en mi todo que debilita mi ser."

(Mensaje canalizado en 20/05/2019)

Dr. Petrus – Urólogo y Nefrólogo: Limpieza interna

"La savia de la vida camina por el cuerpo, llevando nutrientes que revitalizan y fortalecen.

Hay desagüe y liberación de todo que concluye las vías y no es aprovechable.

Esquema divino que promueve la revitalización de todo que existe.

El ser humano es responsable por el cuidado de lo que ingiere y busca para sí.

Soy Dr. Petrus – Médico Urólogo y Nefrólogo del Equipo Médico Espiritual del Grande Corazón de Astheriãn.

Mantra: Acojo la savia divina en mi corazón. Me fortalezco."

(Mensaje canalizado en 20/05/2019)

Dr. Bezerra de Menezes: La Espiritualidad en la Ciencia

"Hermanos en evolución en la Luz.

Por mucho tiempo he laborado en este Planeta en el auxilio al próximo, valiéndome de la ciencia de la medicina, de las experiencias producidas por los humanos con el uso de productos extraídos de las plantas, flores de todos los colores, de las más sencillas a las más complejas, incluyendo sustancias extraídas de animales y otros seres vivos.

Fueron experiencias increíbles, que sirvieron para mostrar al mundo lo cuán es importante la mirada del hombre para la naturaleza, de manera bondadosa y generosa, tal como la naturaleza es en relación a los seres vivos en este Planeta.

Fue aún importante para incentivar al hombre y a la ciencia la necesidad de priorizarse la salud del bienestar integral, que acepta y entiende la importancia sublime del eslabón entre la espiritualidad y la ciencia, que caminan siempre juntas.

Este eslabón, mis hermanos, se debe fortalecer en este momento de la Nueva Era, pues están interconectados entre el momento evolutivo espiritual, que permite el aumento del alcance del raciocinio humano y de los hallazgos para la curación, con el propio resultado de estos avances, proporcionados por la etapa evolutiva del Planeta, que permitirá que alcancen conocimientos medicinales y de curaciones importantes, así como aumentará más aún los conocimientos tecnológico, robótico, informatizado y farmacia en general.

La importancia de la conciencia espiritual descubierta está en la posibilidad de potencializar sus inteligencias espirituales, emocionales y racionales, en equilibrio, haciendo con que encuentren en todo lugar de la naturaleza y de la civilización las respuestas más rápidas a las búsquedas de las evoluciones materiales terrenas y, también, para los conocimientos espacial y dimensional de otras formas de vida, sea en este Planeta, sea en otras galaxias.

Hoy aún, por mi elección, me mantengo en sintonía con los habitantes de la Tierra, en auxilio a los necesitados del cuerpo y de la mente, pero también en el trabajo de auxilio de los desarrollos de las tecnologías de salud, relacionadas a las medicinas tradicional y no materialista.

Cuanto menor la expansión de las emociones y mayor el equilibrio entre mente, cuerpo y espíritu, más logramos acceder los científicos y posibilitarles la visión además de la materia expuesta a los sentidos del tacto, de la audición, visión, olfato y paladar, de manera a que alcancen en el pensamiento lo que fue intuido y, así, traiga el experimento a los ojos humanos.

Agradezco a la Espiritualidad de Alta Luz por aún estar en contacto con aquellos encarnados en el Planeta, sea para la curación en auxilio, sea para la evolución de la medicina, siendo un compromiso que hice, principalmente en esta Nueva Era, opción en que se encuentra abrazada por mi voluntad divina de presenciar el avance humano en el Planeta.

Le pido a todos, al final, que cuiden de su Planeta, de nuestro Planeta ya que actúo en él aún. El Planeta Azul es inmensamente contemplado con beneficios de los cuales tomarán conocimiento pronto, además de aquellos que ya poseen. Es planeta perfecto al humano y necesita amor y cariño, desde las piedras brutas a los seres vivos más primordios, pues solo el amor equilibrará el medio ambiente, evitando pestes y enfermedades decurrentes de los desequilibrios ecológicos y de la flaqueza humana, espiritual y material.

Amo a todos ustedes. Estoy en constante trabajo, orientando a diversos grupos espirituales de auxilio al próximo. ¡Confíen!

Soy Dr. Bezerra de Menezes – Médico Medicina General del Equipo Médico Espiritual del Grande Corazón de Astheriãn.

Mantra: *Estoy en perfecto equilibrio y vibro en armonía con la vida.*"

(Mensaje canalizado en 06/06/2019)

6º Rayo de la Luz Rubí-dorada

Maestra Ascencionada Chohan/Directora: Nada
Arcángel Uriel
Día de la semana: Viernes
Virtudes: Misericordia, Devoción, Amor, Curaciones

Maestra Nada: Camino Caritativo y Humilde

"Mis queridos hijos amados, hijos del amor y de la lucha por la evolución espiritual.

Deseo a todos, hoy y siempre, que expansionen en sus vidas sentimientos de misericordia y caridad, ejercitando las enseñanzas de Jesús, sea para mejoras interiores, sea para el auxilio a los más necesitados.

Este es el camino de Luz a ser seguido en este planeta Tierra, lo cual permite que dejen egoísmos y vanidades, para que se dedicaran a aquellos desfavorecidos, sea material o moralmente.

La humildad, mis queridos, no significa sentirse menos que los otros, pero, sí, que no son más que nadie encarnado o incluso desencarnado, no pudiendo ser invocada para disminuir personas, que deberán estar seguras en la fe y en la caridad, para que no se dejen disminuir innecesariamente y, así, se depriman o perezcan en conexiones energéticas indebidas y densas. La humildad, mis hermanos, se debe comprender como la forma de actuar en relación al otro, de modo a que tomen conciencia de que deberán actuar de manera pacífica, con respecto al momento evolutivo de cada uno, abriéndose hasta mismo para los enemigos, en perdón verdadero y caridad a sus discapacidades cognitivas espirituales.

Así, perdónense y perdonen a todos, liberándose para la posibilidad de verdadero ejercicio de la caridad espiritual, compartiendo con aquellos que les hicieron mal y a ustedes mismos la instrucción divina acerca de la forma de caminar en la luz, para que lleguen a la Espiritualidad de Luz de manera más redimida y grandiosa.

Sean buenos de corazón, pues la bondad es la expresión de la misericordia, que solo tiene cabida, en sentido verdadero, cuando son mansos y humildes de corazón, en las actitudes consigo mismo y con el próximo.

Sin la caridad, no hay mismo salvación, mis hijos queridos, que cuido con tanto celo y amor. La caridad sincera promueve un caminar más ligero a la su evolución espiritual.

No subyuguen personas y espíritus, como si fueran mayores que ellos. En realidad, están todos ustedes aprendiendo y cada uno posee un tipo de conocimiento adquirido distinto e importante para el intercambio de experiencias entre ustedes, incluso las personas aparentemente que más poseen un mensaje a pasar y a tocar los corazones de los buenos.

Deseo que la luz Rubí-dorada emane hasta ustedes mucha sensación de entendimiento sobre el camino humilde y de caridad, en su concepción razonable y proporcional a sus condiciones terrenas.

Recuérdense todos de que no podrán sacrificar demasiadamente su mente y cuerpo, ya que ellos son los instrumentos valiosos dados por Dios a ustedes para que logren su evolución en este Planeta.

Mucha Luz Rubí-dorada de la Misericordia Divina, que trae la Sabiduría del caminar y la Curación de los males que traban su evolución.

¡Amo a todos!

Soy Maestra Nada."

(Mensaje canalizado en 30/05/2019)

7º Rayo de la Luz Violeta

Maestro Ascencionado Chohan/Director: Saint Germain
Arcángel Ezequiel
Día de la semana: sábado
Virtudes: Transmutación y Transformación, Libertad, Apelación, Compasión

Maestro Saint Germain: Conocimiento que Transmuta

"Es muy bueno encontrar a los hermanos aquí en este espacio de instrucción y amor, buscando lecturas edificantes y que los auxiliarán demasiadamente en su evolución espiritual.

Este constante estudio, iniciado por muchos solo en estos últimos tiempos, forma parte del proceso de transmutación energética del Planeta Tierra. Las mentes vienen abriéndose cada vez más a las comprensiones que vienen de lo Más Alto, además de compartir los aprendizajes, difundiendo, de una manera muy natural, las Verdades Divinas, de modo a potenciar las virtudes del Yo Soy de cada uno y a esparcir ejemplos y mensajes de amor, unión, sabiduría y paz al mundo.

Es necesario, mis queridos hijos terrenos, que todos se empeñen y dediquen un momento de su día, de su semana, de su vida encarnada, para traer a la conciencia lo que de hecho se pasa en la eternidad, pues es así que lograrán caminar evolutivamente de manera saludable, valiéndose de las luces, de todos los colores, para facilitación de la transformación interior de cada uno y, por consiguiente, de la transmutación de todo lo que hay a su alrededor. Cuando se dedican a la instrucción de luz, potencian la transformación de toda la vibración terrena energética, auxiliando, con sus conductas, a los espíritus encarnados y, con sus lecturas, oitivas y propagaciones del bien, también a los espíritus perdidos y necesitados de amor evolutivo.

Hijos y hermanos cuiden de su saber evolutivo, pues todo será conectado y de una manera muy sencilla, pero al mismo tiempo intensa, llevando a los interesados a una forma evolutiva con menos dolores y pesares, exhalando más amor, caridad, paz y seguridad, seguridad esta que adviene de la fe razonada adquirida por los conocimientos, sin dar espacios a las llagas de la vida terrena.

Los invito a que transmuten sus energías, su espíritu, equilibrando los cuerpos físico, mental y espiritual con instrucciones de amor y les digo que la Luz Violeta, intensa en este 2º milenio, podrá auxiliar en todo tipo de limpieza interna, ambiental y externa general, siendo que la Llama Violeta potencialmente da lugar a la liberación de los seres y de los ambientes, para viabilizar la entrada más tranquila de las nuevas concepciones de vida espiritual esparcidas en esta Nueva Era por mensajeros y estudiosos.

Mucha Luz Violeta a todos y todo.

¡Vos amo, hoy y siempre!

Soy Maestro Saint Germain."

(Mensaje canalizado en 30/05/2019)

Mensajes finales de la Espiritualidad de Luz

Metatron Príncipe De los Ángeles: Consciencia Universal

"Mis hermanos,

Sientan esa paz que ha sido traída para ustedes. Es hora de hallazgos, de entrar en sintonía con los portales Divinos que están siendo abiertos en este momento planetario. Intenten mantenerse en la luz a todo segundo y, cuando se dispersan, reanuden el contacto.

El Portal Platina, mis hermanos, fue abierto recientemente, para el encaminamiento de una energía muy sutil. Extremadamente delicada, la energía solar blanca, con rayos dorados, ya anunciado por Budha como el Sol Blanco. Ahora está en amplia expansión y con ella también aumenta la conexión con las enseñanzas divinas, que revelan la existencia de un mundo más allá de lo que la consciencia humana alcanzaba, en su mayoría, en este Planeta.

Este Sol Blanco concentra la más pura energía de paz y amor incondicional. Es, en realidad, Dios en su forma energética pura divina y posee el poder de atraer fuertemente quien se conecta con él y también de entrar en todas las esferas de la vida humana de quien se abre para él. Es la Energía de Paz Pura del Universo, que traerá la expansión de la consciencia sobre el más allá, el misticismo no revelado aún, quién o qué es Dios, como se organizan todos los seres que están fuera de la 5ª Dimensión encarnada en el planeta Tierra.

Hermanos, el universo de hecho no se concentra solo en los humanos encarnados en la Tierra. Ustedes poseen solo cerca de 2 millones de años en evolución en este Planeta, en que varios otros seres han habitado, desde aquellos materializados, como aquellos en el en el plan espiritual. Hay varias colonias espirituales en el Planeta Tierra y en otros planetas, esparcidas por dimensiones distintas por el universo y es en virtud de la desconexión provisional de los humanos con las energías de las demás dimensiones, que acabaron por imaginar que el mundo solo existía para ustedes.

Pero esta limitación de la consciencia está en proceso de reducción considerable, a atingir un nivel más cerca de la 6ª Dimensión Estelar, que está directamente relacionada a la elevación de la comprensión y del contacto más cercano con la Espiritualidad de Luz, actualmente orientada por la Grande Fraternidad Blanca en su planeta Tierra. Esta comprensión pasa por la elevación al consciente de las Verdades Divinas que son todo el tiempo transmitidas a ustedes por diversos canales.

A cada día será revelada una Verdad Divina y empezarán a conocer el funcionamiento energético de todo el Universo, pasando del conocimiento del Soy Divino al hallazgo de su lugar y misión dentro del universo energético, compuesto por una única Energía Divina Vital, a ser conectada cada vez más por todos los habitantes de la Tierra.

Hermanos, hoy, tras reveladas algunas verdades, les pido que cierren los ojos y se imaginen cerca de un Sol, redondo, luminoso, blanco y que los rayos dorados de él lleguen hasta ustedes y calienten sus cuerpos, espíritus, mentes y corazones, librándolos de toda energía negativa y trayendo una comodidad purificada y pacífica.

Pronto, serán presentadas otras aclaraciones y nuevas formas de conectarse con este nuevo Rayo Platina que está llegando despacio pero en poco tiempo, al planeta Tierra y a sus habitantes más bellos y llenos de amor, que son ustedes.

Mucha Luz, mis hermanos.

Soy el Uno en cada uno, la Luz del Amor y de la Paz que radia en su ser.

¡Soy un espíritu, una energía, de la falange del Rayo Platina, que actúa junto a la hermandad de la Grande Fraternidad Blanca, vinculada a la misión de traer la

Verdad a todos ustedes!

Soy Metatron."

(Mensaje canalizado en 04/07/2018)

Maestro Saint Germain: Cambio Planetario

"¡Hijos Amados, que la paz de Dios esté con todos ustedes!

Sabemos de las dificultades que todos están viviendo, estamos trabajando para el asentamiento perfecto del Planeta Tierra, eses cambios están causando dolores de cabeza, malestares y algunos desequilibrios que están sintiendo, que forman parte de esa transformación.

Quédense equilibrados en las oraciones, meditaciones, foco espiritual, Madre María está mirando a todos, con su mirada caritativa, su abrazo materno, todos son cubiertos con su manto azul de luz. Les pido que manténganse en equilibrio y oraciones. Un nuevo mundo está naciendo dentro de todos ustedes.

Enviando altísimas llamas del Rayo Violeta al Planeta. Siéntanse protegidos y bendecidos por los Rayos.

Que la Paz de Dios esté con ustedes.

Soy Maestro Saint Germain."

(Mensaje canalizado en 25/04/2019)

Maestro Kuthumi: Aprendizaje

"Hermanos,

Aprendan a controlar la respiración,

Controlen los pensamientos positivamente,

Vigilen el juicio ajeno,

Atenten a los actos a practicar,

Analicen y perdonen sus errores,

Sean menos críticos,

Acepten sus defectos,

Libérense de los prejuicios,

Ayuden a su hermano de forma incondicional,

Disfruten de una vida de Paz, Amor y Equilibrio.

Soy Maestro Kuthumi."

(Mensaje canalizado en 21/05/2019)

Maestra María de Nazaré: Amor

"En el silencio de su corazón,
La Paz recorre sus venas,
El amor triunfa en sus ojos,
En la grandeza de su pecho,
Acoge al hermano necesitado,
Alma purificada cristicamente,
Vida que viene,
Vida que va,
Amor que impera,
Amor que vence,
El Amor es usted.
Soy Maestra María."

(Mensaje canalizado en 07/05/2019)

Mensajes finales de Sabiduría Divina

Maestro Jheriel de la Colonia Valle Dorado: Compañeros de la Luz

"¡Mi amado compañero de la Luz!

Mi gratitud al Creador por permitirme compartir con ustedes un poco de las enseñanzas que viví y aprendí a lo largo de mi existencia. También soy aprendiz como usted.

El Creador consintió que cada hijo suyo hiciera sus propias elecciones. Con toda su bondad divina y sabiduría infinita, permitió que la vida se mostrara a través de señales y revelara su magia y su encanto en todos los momentos. Sea en el amanecer con lluvia, en la puesta de sol sin sol y en las noches oscuras. Durante su camino para el trabajo, en los encuentros y desencuentros, en las llegadas y partidas. En las reuniones con amigos y familiares. En fin, la vida está ahí pidiendo para ser vivida.

Sea siempre grato por todas las experiencias vividas. Sean ellas buenas o difíciles, son oportunidades para el crecimiento y el fortalecimiento de su alma y su espíritu.

Viva con sabiduría y simplicidad. La vida es mágica. Es un regalo del Creador.

No importa en cual plan o grado espiritual usted se encuentra. No se preocupe con las escalas que fueron creadas como 3ª, 4ª, 5ª, 6ª o 7ª dimensiones. Entréguese a la vida por entero. Despéguese de las culpas, miedos, arrepentimientos, decepciones y de los momentos no vividos y viva el aquí y el ahora.

Usted es amor, luz, vida. No permita que se apague la Luz del Creador que brilla en su ser. Inspírese y guíese en el poder y en la fuerza del Amor Incondicional. Camine siempre en la luz, hacia la Luz Mayor.

Este es mi deseo para usted.

¡Con Amor, Gratitud y Luz!

Soy Maestro Jheriel."

(Mensaje canalizado en 19/05/2019)

Maestro Kuthumi: Rumbo a la Consciencia Plena

"Mis hijos,

Estoy aquí para pasar un sencillo mensaje de amor, perdón, caridad y de curación, basada en la Sabiduría Divina.

Le pido a todos que concéntrense en las lecciones contenidas en este espacio de amor, para que ejerciten la mansedumbre de corazón a través de las meditaciones sugeridas, que son óptimas para quien desea empezar su camino evolutivo, sin conocer aún muy bien y plenamente para adónde deben ir y cómo deberán ir.

Estas lecturas, de los mensajes divinos, poemas y meditaciones, automáticamente conectan el ser a los conocimientos divinos, facilitando la limpieza de su libre albedrío y auxiliando las elecciones dentro de él, de manera más clara, de modo que la conexión energética establecida con lo Más Alto durante las lecturas facilitará su comprensión evolutiva sobre adónde mejorar y buscar las virtudes y, así, apartar las negatividades que atan su caminar evolutivo.

Después de un tiempo ejercitando lecturas constantes, oraciones y meditaciones, será natural su cambio de comportamiento para mejor, porque la Sabiduría Divina entrará en vuestras mentes de manera sencilla y, sin darse cuenta, cambiarán sus conductas, amoldándose a las energías de regeneración de la Nueva Era.

Sentirán una felicidad inmensurable por la práctica cotidiana del amor incondicional, perdón y misericordia y, así, curando resentimientos y elevaciones indebidas del ego, a enseñar curaciones en sus mentes y cuerpos, enfermos antes en los periespíritus por miedos, ansiedades, soberbias, resentimientos...

El Perdón y el Amor son el camino para la Liberación de su ser, de modo a viabilizar un caminar de Fe, dentro de su voluntad divina verdadera evolutiva y justa, que aumenta su caridad y misericordia, permite la ascensión de sus conocimientos y de los oportunismos terrenos, ofreciendo Curación y Transmutación Energética para el

Caminar en la Luz hasta la Consciencia Plena, de cómo deberán ir a las esferas más puras en contacto con Dios.

Que en el día de hoy y siempre, sin cesar, todos tengan apertura divina para los conocimientos que te llevarán a este lugar de amor y pureza, su Soy Divino en contacto con la Energía Divina Suprema.

¡Amo ustedes!

Soy Maestro Kuthumi, Instructor del Mundo y que actúa en la Luz Dorada de la Sabiduría Divina, y junto con Maestro Confucio y Maestro Lanto auxiliamos en la apertura de la comprensión de los seres acerca de para adónde deberán ir y cómo ir, después de la comprensión acerca del Yo Soy y lo qué estoy haciendo aquí."

(Mensaje canalizado en 30/05/2019)

Hermana Scheilla: Amor y Curación

"¡Mis hijos amados!

Vengo en este día de amor y paz a traer a ustedes una palabra de incentivo, para que persistan en el camino del bien.

Hijos y amigos, todos los encarnados poseen fallas humanas que vienen del ego que sobrepasa su Yo Interior Perfecto, pero ustedes no necesitan condenarse eternamente a la persistencia de estas elecciones que dificultan su caminar.

Queridos, siempre hay tiempo de amor y respeto, regeneración, siempre hay tiempo y hoy es el día y el tiempo cierto para que dejen para tras la viejas manías atascadas a vanidades, egoísmos, sentimiento de venganza, despechos, envidias y hasta el sencillo, pero gravoso en sus efectos, celos, que tanto tumultúan las relaciones humanas entre todos ustedes. Hijos, y es así que llamo a todos con cariño maternal, tengan coraje y fe en Dios para que abandonen los viejos momentos y siéntanse orgullosos de ustedes.

Intenten todos los días, un poquito y un buen ejercicio es que se imaginen en el lugar del otro, de modo que el respeto será más evidente, ya que se atentarán de que no le gustarían que hiciera con usted lo que hizo o está haciendo con el otro. Eso, mis hijos, trae una inicial situación vergonzosa, pero que no podrá servir para, sin coraje, se mantengan en el error. Ella debe prestarse a ofrecer el perdón a sí mismo, la valoración de su potencial de arrepentimiento y humildad, pidiendo perdón por los hechos equivocados, sin dar vueltas para intentar justificarlos.

Hijos, como es bello y nos toca a todos los Trabajadores de la Luz Rosa del Amor Incondicional cuando, en el día a día, sentimos a alguien verdaderamente arrepentido y rescatando su equívoco, comprendiendo que están de pasaje para evolucionar y que esto forma parte de su evolución terrena y espiritual.

¡Coraje, amados hijos, coraje!

Oren siempre, quédense atentos y sepan que los cielos entran en fiesta cuando la paz se restablece con un pedido de disculpa o una conducta de compasión al próximo que aún no tiene ese entendimiento.

Vos amo y estaré siempre en constante trabajo con Espiritualidad de Luz, Amor Incondicional, Verdad Divina, Misericordia y, consecuentemente, de la Curación de vuestras almas, espíritus, periespíritus y el cuerpo físico también, por consiguiente.

Clamen por este equipo de Amor que está en la espiritualidad, siempre que deseen y cuando tengan voluntad de regenerarse mismo con el coraje aún frágil, pues daremos el empujón necesario a esta concretización de Amor Incondicional.

¡Vos amo hoy y siempre!

Soy Hermana Scheilla."

(Mensaje canalizado en 16/05/2019)

Maestro Jesús: Jesús en toda parte

"¡Dios Padre sea alabado!

Señor Jesús Cristo está aquí entre vosotros, mis queridos hermanos, en la Luz Una y emanada del Universo Superior: Dios, nuestro Maestro Mayor y Energía Vital de todo y de todos, de todas las criaturas y cosas de este Mundo conocido por vosotros.

Mis hijos y hermanos, estamos en un momento de crucial importancia para los habitantes de este Planeta. Un momento en que muchas energías están encontrándose, sean buenas o malas, pero, entre estas, una repeliendo la otra, de manera muy intensa y densa, atingiendo vuestros cuerpos sutiles, mentales e incluso físicos, de modo claro y evidente. Queridos hermanos, por esto mismo, permanezcan en constante vigilia y atención para los movimientos energéticos que se pasan en vuestros cuerpos.

El corazón, representante aquí de sus sentimientos más puros y en conexión perfecta con su Yo Soy y el Creador, en una Unidad Divina, absorbe las energías locales, espacios, cosas y personas a vuestros alrededores. Fíjense, por lo tanto, a lo que siente en cada momento, pues él corazón, le guiará y traerá todas las respuestas acerca de vuestras dudas, causadas aún por la ausencia de fe en vosotros mismos sobre vuestras intuiciones. Esas dudas se desvanecerán con la mayor rapidez posible, si siguen su corazón, se oigan la intuición que le está siendo transmitida todo el tiempo, a través del aumento de las percepciones energéticas entre su yo interior y las energías sutiles, que están en mayor sintonía en este momento en el Planeta.

Confíen y crean en lo que sienten y si esto, lo que sienten y piensan, trae a vosotros paz y armonía.

La ausencia de armonía, los sentimientos y las sensaciones de tristeza, angustia, repugnancia principalmente, son la intuición necesaria para hacerles comprender que Dios es amor, que Él nunca enviará seres menos evolucionados o que les causen males y sentimientos inferiores para auxiliarles en su caminata evolutiva. Él, el Señor del Universo, solo orienta y organiza a través de los Maestros Ascensionados, Arcángeles, Ángeles, Querubines, entre tantos Trabajadores del plan espiritual, enviándoles a la Tierra cuando ya están listos y aptos a ejercer el amor incondicional, la misericordia, el perdón, la compasión y la resiliencia. Son estos representantes del amor en luz, aunque en constante aprendizaje.

Por lo tanto, hijos y hermanos queridos, no se confundan y estén seguros de que su sentimiento le indicará la adecuación energética de donde estuviera, con quien estuviera. Sea, entonces, sutil y salga de inmediato de aquél momento en desarmonía, con respeto a todo que ocurrir en el local, ya que el proceso evolutivo es individual y la incomprensión espiritual, de cada uno. Simplemente apártese y protéjase de las energías densas que te causen sentimientos de incomodidad, confusión, indignación y extrañeza.

Estudien y lean mucho, mis hermanos, pues esto será importante para el aumento de su conocimiento y de su certeza, si son más racionales y tienen dificultades de interactuar con las energías de su yo soy.

Por fin, vos digo, con el Amor Incondicional que el Mundo deberá conocer, que en este momento, todas estas energías están más perceptibles a los habitantes de la Tierra y, por lo tanto, deberán tener más atención para hacer las elecciones correctas y adecuadas sobre su caminar, para que no se desvirtúen, por sentimientos del ego como pasiones, vanidades y egoísmos, dificultando vuestro caminar en la Luz.

Estoy con vosotros hoy y siempre y continuaré estableciendo contacto con personas sensibles a la captación de mis mensajes, pues el Planeta está en un momento crucial de cambios y necesitamos de todos los Maestros. Ángeles, Arcángeles, Seres de Luz y Trabajadores de la Luz, de este espacio para llegarnos con mayor facilidad a vuestros corazones y mentes, para que facilite la evolución de todo el Planeta para la Nueva Era de Amor, Perdón, Paz y Caridad, que ya está llegando y que para muchos, ya llegó. Esta conexión es perfectamente posible, pues tenemos diversos mecanismos de contacto con estos seres encarnados y que pueden escribir lo que deseamos pasar, que pueden transmitir también a través de sus voces y actitudes, con conferencias de emanación de amor y psicofonías venidas de los contactos que hacemos, aunque a distancia.

No se olviden: estaré siempre entre vosotros y no se dejen persuadir por dudas de que Yo no podría estar en todos los lugares. Yo y los demás Maestros y Espíritus de Luz, encarnados o no, estaremos donde deseamos, para con nosotros conectarse cuantas veces sea necesario y hasta el tiempo absolutamente entero.

Vos amo y estoy con vosotros para toda la eternidad, hoy y siempre...

Soy Maestro Jesús, dentro y fuera del corazón y de la mente de cada uno."

(Mensaje canalizado en 09/05/2019)

Maestra Madre María: Unidos por la Esencia Divina

"¡Mis queridos hijos en Cristo!

Como es inmenso el amor que siento por vosotros.

Un amor que perdona todas las vuestras fallas, que están vinculadas a la desviación humana a las perfecciones divinas. Perdónense también, mis hijos. Perdónense para que puedan seguir libres en el camino del amor y de la luz.

Lo que se aprende con los errores no se borrará con el perdón y deberá ser llevado con vosotros, a garantizarles el recuerdo necesario para impedirles que los platique otra vez. Así, es importante que estos recuerdos no estén cargados de resentimientos, rabias, odios y auto puniciones, sentimientos estos que solo podrán ser extinguidos con el perdón sincero y el amor por vosotros mismos, además de la conciencia de que el arrepentimiento sincero genera energía de amor a expansionarse hasta lo más alto, propiciando el perdón de Dios, del Universo de Pura Energía Divina, a aquellos que así lo deseen verdaderamente.

La prueba de este arrepentimiento está en la observancia cotidiana de sus actos y en la consecuente constatación de su práctica, con el inmediato ajuste, perdón y no repetición del acto, sea él solo mental, sea por conductas desalineadas con las energías del bien, del amor, de la caridad y principalmente de la misericordia.

Mis hijos, si desean tanto el perdón y oportunidades de un nuevo Camino en la Luz, perdonen también a aquellos que algún día les hicieron algún mal, pues son ellos dignos también de misericordia y perdón, así que se concienticen del mal que hacen a sí mismos, cuando actúan con envidia, ganancia, lujuria, perversión del orden, egoísmos, maledicencias y de tantas otras maneras de anulación de las virtudes platicadas hace siglos por los seres humanos.

Por mucho tiempo, después de un momento en el planeta Tierra de expansión de odios y males de toda la suerte, creció el apartamento entre las personas, generando, muchas veces, contactos solo superficiales entre ellas, incluso en el seno familiar, entre vecinos, colegas de trabajo y escuela.

La intención, mis hijos, es mostrar a los encarnados que deben tener respeto al próximo en cuanto a sus ideas, elecciones y actitudes que no causen mal a las demás personas a su alrededor, demostrando que los prejuicios no cambian en nada la esencia bondadosa y de amor que hay en las personas.

Ese alejamiento ocurrió porque muchos seres menos evolucionados y en evolución deturparon estas enseñanzas, utilizándose de premisas como: igualdad de raza, género, etnia y religión para de manera egoísta imponer su prejuicio al otro que pensara distinto, como si el otro, nacido en una sociedad prejuiciosa, no tuviera la oportunidad de crecer espiritualmente. Estas energías se mezclaron generando más intolerancias y odios a punto de causar males mundiales.

Pero está llegando el momento del entendimiento de la verdadera idea, que es de igualdad y respeto entre los seres, con reducción de las emociones exageradas, en favor de la fe razonada, pero también sentida en vuestros corazones, de que todos somos solo uno delante de Dios, hermanos en la caridad y en el amor, independientemente de las creencias, desde que pautados en el respeto al próximo y a sí mismo.

Es llegado el momento de que ustedes se unan otra vez, mis hijos. Todos son mis hijos amados. Únanse, manteniendo el respeto, para que expansionen más amor. Esta expansión energética atingirá a los más necesitados de amor y perdón, auxiliando en la evolución de todos los espíritus encarnados y desencarnados, a fin de que puedan acompañar la evolución que viene ocurriendo en el planeta Tierra donde habitan.

Mis hijos amados, todos ustedes son hermanos en la luz. Incluso aquellos más necesitados merecen la caridad y la salvación.

Muestren a aquellos que se acerquen a ustedes este amor, para que ellos lo sientan y puedan abrir en él el pasaje para que las energías espirituales de luz los puedan tratar. Observen que a vuestro alrededor hay inúmeras personas de bien, mucho más que aquellas que están fuera de la Verdad Divina.

Entonces, reanuden la unión entre vosotros, dentro de la simplicidad y de la humildad para hacerles comprender que las profesiones y las riquezas de la Tierra también presentan una función, dentro de la línea evolutiva de cada uno. La bonanza no es reprimida por la Espiritualidad de Luz, muchas veces necesaria para que desarrollen los proyectos asumidos para vuestra reencarnación y, muchas veces, por merecimiento evolutivo, sin que signifique superioridad a otros seres. Desde que ejercidos con amor, apartados de los males corrompen el carácter y la bondad de los seres terrenos, los oportunismos de la vida encarnada son legítimos y deben servir como ejemplos y como medios para proliferar el bien, aunque que tales calidades materiales, morales y espirituales estén entrelazadas solo a las actitudes y al ejercicio de las profesiones y de las actividades de amor al próximo, al más pobre materialmente de los seres, pero grande en la riqueza espiritual.

Mis hijos queridos, espero que hayan entendido bien lo que pretendí traerles hoy y sepan que estaré siempre con vosotros, apoyando a todos, auxiliando e impulsando vuestra evolución espiritual, elegida en vuestro libre albedrio.

Únanse, mis hijos, fieles en la fe de Jesús Cristo y amen como Él vos enseñó a amar cuando presente en vuestro Planeta.

Que mi amor esté en vuestros corazones y que unidos puedan alcanzar el Reino de los Cielos, aunque encarnados aún, sumándose todas las fuerzas de las energías positivas que están en vosotros.

Sean fuertes y unidos.

¡Vos amo mucho!

Soy Madre María."

(Mensaje canalizado en 13/06/2018)

♥

Oración y mantra

Invocación del Arcángel Miguel

Arcángel Miguel delante de mí,

Arcángel Miguel en mi espaldas,

Arcángel Miguel a mi derecha,

Arcángel Miguel a mi izquierda,

Arcángel Miguel arriba de mi cabeza,

Arcángel Miguel dentro de mi corazón,

Arcángel Miguel abajo de mis pies.

Que pueda guiarme en todos los buenos caminos

Y adonde quiere que va,

Que la Luz Azul de su espada,

Me bendiga, me proteja, me guarde, me ampare,

Me libere de todos los males,

Hoy, mañana y todos los días de mi vida.

¡Amén, amén, amén, amén!

(Fuente: www.grupoanjosdeluz.org.br)

Mantra del Perdón, Amor y Gratitud del Grupo Anjos de Luz

Hoy me perdono.

Y en esto momento perdono a todos.

Pido perdón.

Siento mucho.

Me amo.

Amo a todos.

Soy grato.
¡Estoy libre!
¡Todos están libres!
Es así.
Será así.
¡Está hecho!
¡Amén, amén, amén y amén
.

(Síntesis del Ho'oponopono elaborada por el Grupo Anjos de Luz)

Ho'oponopono es un proceso para que nos deshagamos de las energías tóxicas que hay dentro de nosotros, para posibilitar el impacto de pensamientos, palabras, realizaciones y acciones Divinas. (VITALE, Loe; LEN, Ihaleaka Hew. Limite Zero: o sistema havaiano secreto para prosperidade, saúde, paz e mais ainda. Rio de Janeiro: Rocco, 2009.)

Mensaje final

"Estimado (a) amigo (a),
Deseamos que al descubrir ¿PARA ADÓNDE QUIERO IR? Usted sea guiado por la luz que brilla en su corazón, comprendiendo que el camino con amor lo conducirá a la realización de su propósito de alma."

Equipo Médico Espiritual del Grande Corazón de Astheriãn.
Ora y vigila siempre.
Luz, paz y bien.

(Mensaje canalizado en 08/04/2019)

¡Gratitud!

Más informaciones en el sitio www.grupoanjosdeluz.org.br

www.ingramcontent.com/pod-product-compliance
Lightning Source LLC
Chambersburg PA
CBHW040417070426
42446CB00047B/10